Margery (Gred)

Eine Geschichte aus dem alten Nürnberg

(Band 3)

Georg Ebers

(Übersetzerin: Clara Bell)

Writat

Diese Ausgabe erschien im Jahr 2024

ISBN: 9789359945996

Herausgegeben von
Writat
E-Mail: info@writat.com

Inhalt

KAPITEL XI.

Herdegen sollte vor der Karwoche wieder in Padua sein, und ich werde mich bis zum Tag meines Todes mit Dankbarkeit an die wenigen Monate nach dem würdigen Veit erinnern Spiesz' Beerdigung und vor der Abreise meines Bruders. Es verging kein Tag ohne unser Treffen; und nachdem mein Herz mich bewegt hatte, Cousine Maud alles zu erzählen, was geschehen war, und Herdegen seine Zustimmung gegeben hatte, waren wir ein für alle Mal von dem Geheimnis befreit, das zunächst auf unserer Seele lastete.

Wahrlich, der würdigen Dame fiel es nicht leicht, diese frühe und unpassende Verlobung freundlich zu sehen; doch hatte sie weder das Herz noch die Kraft, Widerstand zu leisten. Wenn zwei junge Leute, die ihr lieb sind, überglücklich sind, muss die Frau, die sie aus dem Garten Eden vertreibt und ihr gegenwärtiges Glück mit Warnungen vor zukünftigem Leid verdirbt, ein anderes Herz und einen anderen Verstand haben als Cousine Maud. Sie sah in der Tat voraus, dass in vielen Stunden des Misstrauens am Tag und in vielen schlaflosen Nächten Kummer kommen würde, insbesondere aufgrund ihrer Ehrfurcht und Furcht vor meinem Großonkel; und tatsächlich war sie selbst nicht des alten Rassenstolzes beraubt, der jedem Nürnberger innewohnt , der unter einem Ritterwappen geboren wird. Dass Ann arm war, schätzte sie nicht; aber dass sie nicht von adliger Herkunft war, war in der Tat ein Kummer und erfüllte sie mit Zweifeln. Aber dann, als die Augen ihres geliebten Herdegen so hell leuchteten und sie sah, wie Ann sich mit mädchenhafter Verzückung an ihn klammerte, gab es keinen Ärger und keine Sorge mehr.

Wenn ich in den Wäldern einen lauten Lobgesang auf ihre Frühlings- und Herbstschönheit gesungen hätte – und wahrlich, er war aus meinem Herzen gekommen –, wäre ich bereit, den Winter in der Stadt nicht weniger fröhlich zu finden, insbesondere im Schutz eines Zuhauses so warm und gut gebaut wie unser alter Schopper-Hof .

Im letzten Jahrhundert, als Kaiser Carolus – [Karl IV., 1348] – den Thron bestieg, hatten sich die Zünfte unter der Führung der Gaisbarts und Pfauentritts gegen die Adelsfamilien und den Gottesdienstrat erhoben Sie beschuldigten die Ältesten, den Haushalt nicht wie es sich für einfache Bürger ziemte, sondern nach der Art der Fürsten zu führen; Und sie haben sich nicht sehr geirrt, denn tatsächlich habe ich gehört, dass bestimmte Kaufleute aus Skandinavien, als sie in unsere Stadt kamen, sagten, dass die Wohnung eines Nürnberger Adligen dem Palast ihres Königs in jeder Hinsicht ebenbürtig sei.

> [Gaisbart (Ziegenbart) und Pfauentritt (Pfauentritt) waren Spitznamen für die Anführer der Zünfte, die sich gegen die Patrizierfamilien in Nürnberg auflehnten, aus denen allein die Schöffen oder der Stadtrat gewählt werden konnten. Dieser Patrizierstand entstand 1198 unter Kaiser Heinrich IV., der 38 Bürgerfamilien in den Adelsstand erhob. Sie waren in gewisser Weise mit den Familien der Signoria in Venedig vergleichbar, aus denen ebenfalls der große Rat gewählt wurde.]

Was unser Haus betrifft, so war es vier Stockwerke hoch und hatte in jedem Stockwerk sieben Fenster; mit gut gestalteten Erkern an den Ecken und spitzen Türmchen auf dem Dach. Die Giebel lagen zur Straße hin in drei Stufen; Über der großen Haustür befanden sich unser Wappen, die drei Glieder der Schoppes und der Narrenkopf mit Mütze und Schellen als Wappen auf der Haube. Die mittleren Fenster des ersten und zweiten Stockwerks waren von edler Größe und darin glänzten helle und schöne Scheiben aus venezianischem Glas, während die anderen Fenster aus kleinen, in Blei eingelassenen Rondellen bestanden.

Und obwohl es von außen betrachtet ein schönes, schönes Haus war, hoffe ich nie, eine wärmere, gemütlichere und komfortablere Wohnung zu sehen als die Wohnzimmer, in denen wir den ganzen Winter über zu Hause waren; obwohl ich die Salons und Gemächer in den Palästen der Signori in Venedig höher und luftiger und größer und prächtiger fand. Wann immer ich unter dem sonnigen blauen Himmel Italiens Heimweh hatte, sehnte ich mich größtenteils nach dem satten, frischen Grün der Blätter und den fließenden Bächen meines eigenen Landes; aber daneben, nach unserem gemütlichen Zimmer im Schopper -Haus, mit seinem warmen, grün gekachelten Ofen, mit den Apostelfiguren und dem Eckfenster, wo ich so viele Fäden feinen Garns gesponnen hatte, und das gehörte ganz besonders mir – obwohl ich immer bereit und froh war, mein Recht darauf aufzugeben, wenn Herdegen es verlangte, um daneben zu sitzen und mit seiner Geliebten zu schlafen.

Die Wände dieser schönen Kammer waren mit flämischen Wandteppichen behangen, und ich kann bis heute die Bilder sehen, die so kunstvoll darin eingewebt wurden. Was ich am meisten liebte, seit ich noch ein kleines Ding war, war die Geburt des Erlösers , wo man die Mutter und das Kind, Ochsen und Esel, die drei Heiligen Könige aus dem Osten sehen konnte – den schönsten von allen Blackamoor mit einem großen gelben Bart, der über seine Roben herabfließt. Auf den anderen Vorhängen war möglicherweise ein Turnier zu sehen; und ich erinnere mich noch heute daran, wie ich als kleines Kind zu dem Herold aufblickte, der die Trompete blies, aus Angst, seine Wangen könnten platzen, weil sie so stark aufgeblasen waren und er nie aufhörte zu blasen so schwer. Zwischen der Oberseite dieser Behänge und der Decke befand sich ein helles Eichenholzgesims, auf dem mein Vater, Gott ruhe ihn, verschiedene Posen nach seinen eigenen Vorstellungen schnitzen ließ. Sie könnten hier lesen:

„Wie ein Gesicht mag unser Leben sein,
dem die Liebe Augen verleiht , um es zu sehen."

Oder nochmal,

„Der Herr, der Allmächtige, verbirgt sein herrliches Angesicht
, damit wir nicht aufhören, seine Gnade zu suchen."

Oder aber,

„Der Herr wird mein Leben regieren, während ich still sitze,
und es rechtschaffen durch seinen gerechten Willen regieren."

Und während mein Vater fröhliche Lieder geliebt hatte, hatte er an anderer Stelle geschrieben:

„Wenn man das Leben mit einem dornigen Ort vergleicht,
ist Song der blumige Zweig, der ihm Anmut verleiht."

Einige dieser Reime hatte mein Großvater dort eingemeißelt, zum Beispiel diese Zeilen:

„Mit Pferd und Wagen bin ich auf und ab gereist,
habe aber kein Gegenstück zu meiner Heimatstadt gefunden."

Und unter unserem Wappen befand sich dieser Blumenstrauß.

„Während die Kette am Wappen fest und fest hält,
wird der Narr auf dem Wappen bis zum letzten Spiel sein."

Von den schön geschnitzten Sitzen und den Kissen, die mit bunt gewebten Stoffen aus der Levante bedeckt sind, die wirklich angenehm anzusehen sind, von all den schönen Schätzen an den Wänden, den Spiegeln von Venedig und dem Metallkäfig mit einem grauen Papagei darin, den Jordan Kubbelmg , der Falkner aus Braunschweig, meiner lieben Mutter geschenkt hatte, mehr will ich nicht sagen; aber ich hätte gern verstanden, dass alles sauber und hell, wohlgeordnet und von guter Wahl und vor allem gemütlich und warm sei. Ja, und wenn alles viel weniger kostspielig und schön anzusehen gewesen wäre, hätte es sozusagen einen Hauch von Heimat gegeben, der das Herz eines jeden Menschen erfreut haben muss: denn all diese schönen Dinge waren weder von gestern noch von morgen – Tag, aber schon lange war es für viele Menschen, die uns lieb waren, eine Freude; so dass unser Wohlergehen in dieser Wohnung nur die Fortsetzung des guten Lebens war, das unsere Eltern und Großeltern vor uns gekannt hatten.

Doch wer diese Schrift liest, weiß, wie ein Nürnberger Patrizierhaus auszusehen hat; Und wer selbst eine ähnliche Kindheit erlebt hat, braucht nicht gesagt zu werden, wie gut Verstecken in einem großen Saal gespielt werden kann oder welch abwechslungsreicher und lustiger Zeitvertreib man sich in der Dämmerung in einem Speisesaal ausdenken kann, an dem die Lichter hängen die riesigen Deckenbalken; und wir kannten mit Sicherheit jedes Spiel, das einen Namen verdiente.

Aber zu diesem Zeitpunkt war das alles schon längst vorbei; nur die Liebe zum Gesang würde niemals in der Wohnung des Mannes aussterben, der sich darüber gefreut hatte, dass seine Kameraden ihn „ Schopper, den Sänger" nannten. Ah! Wie wunderbar klangen ihre Stimmen, die von Ann und meinem Bruder, wenn sie deutsche Lieder auf der Laute oder der Mandoline sangen , oder vielleicht italienische Lieder, ganz wie sie wollten. Aber es gab eines, dessen ich nicht müde werden konnte und das, wie es mir schien , wie ein Herzschlag auf Herdegens eigensinniges Herz wirken musste . Die Worte stammten von Meister Walther von der Vogelweirde und lauteten wie folgt:

„Wahre Liebe ist weder Mann noch Magd,
kein Körper hat noch eine Seele, noch irgendein Anschein hier unten, ihren Namen hören wir, selbst unbekannt. Doch ohne Liebe kann kein Mensch die Gnade und Gunst des Herrn gewinnen. Setze dann dein Vertrauen in denen, die lieben; in keinem falschen Herzen möge die Liebe bleiben.

Und wenn es um die letzten Zeilen ging, stimmte Kunz oft mit ein und übernahm die Basspartie oder das Continuo zur Melodie. Ansonsten hielt er sich bescheiden im Hintergrund, denn seit er erfahren hatte, dass Herdegen und Ann einer Meinung waren, bediente er sie wie ein wahrer und pflichtbewusster Gutsherr, während er jetzt schweigsamer war als früher und in der Zeit seines älteren Bruders Präsenz fast dumm. Doch darüber wunderte ich mich nicht, da mir schon oft aufgefallen ist, dass Brüder nicht die Gewohnheit haben, einander viel zu sagen, und selbst unter Freunden ist der eine bereit zu schweigen, wenn der andere das Wort ergreift. Außerdem sollte Kunz zu Ostern auf Geheiß meines Großonkels ebenfalls seine Heimat verlassen und nach Venedig gehen. Herdegens Liebe zu seinem Bruder hatte mit Sicherheit keinen Bruch erlitten; aber wie viele andere Schüler Minervas neigte er dazu, auf die Anhänger Merkur herabzublicken.

Dennoch hielten die Glieder der Schopper- Kette, zu der Ann nun als Vierte gestoßen war, tapfer zusammen, und wenn wir nicht sangen, sondern uns zu freundschaftlichen Gesprächen trafen, drehte sich unser Gespräch nur selten um wertlose, eitle Dinge, soweit es um Herdegen ging war einer von denen, die bereit und frei zu sagen waren, das zu vermitteln, was er selbst gelernt hatte, und es war Anns besondere Gabe, aufmerksam zuzuhören und diskret zu fragen.

Und was hatte mein Bruder nicht von dem großen Guarino und dem nicht minder großen Humanisten, seinem Schüler Vittorino da Feltre, dem damaligen Magistri in Padua, gelernt? Und wie er in einem recht fröhlichen und geschäftigen Leben die Zeit gefunden hatte, nicht nur die Rechtswissenschaften, sondern auch Griechisch zu studieren, und das so fleißig, dass sein Meister immer bereit war, ihn zu loben, war für mich ein Wunder. Und wie gern hörten wir zu, als er uns von dem großen Platon erzählte und uns wissen ließ, warum und auf welchen Gründen ihm, Herdegen , seine Lehre fundierter und erhabener vorkam als die des Aristoteles, über den er zuvor in Nürnberg viel gelernt hatte. Und während ich befürchtete, dass diese Werke der Heiden ihn dazu verleiten könnten, vom wahren Glauben abzuweichen, fand meine Seele Trost, als er uns bewies, dass ein so glorreiches Licht der Kirche wie der heilige Augustinus ihnen in vielen Punkten gefolgt war. Auch Herdegen hatte viele Verse von Homers großem Lied aus einem kostbaren Buch niedergeschrieben und durch die Lehren des Doktors von Feltre gelernt, sie gut zu beherrschen. Sie waren der Teil, in dem ein großer Held im Kampf oder wenn er in die Schlacht zieht, Abschied von seiner Frau und seinem kleinen Sohn nimmt; und Ann und mir kam es so schön und gleichzeitig so rührend vor, dass wir gut verstehen konnten, wie es sein konnte, dass Petrarca schrieb, dass ihn nichts mehr erfreute, als ein Buch von Homer zu sehen, und dass er sich vor allem danach sehnte, dieses in die Hand zu nehmen großer Mann in seinen Armen.

Tatsächlich bereiteten uns die Gedichte und Schriften von Petrarca größere Freuden als alle griechischen und römischen Heiden. Meister Ulsenius hatte sie zuvor Ann geliehen, und sie saugte wie eine Biene aus einer Blume täglich einen Tropfen Honig aus ihrem Vorrat. Doch gab es ein Zeugnis von Petrarca – die sicherlich die treueste aller Liebenden war –, das sie über alles andere liebte. In der schrecklichen Zeit des Schwarzen Todes, der im vergangenen Jahrhundert als Geißel über die ganze Welt und vor allem über Italien kam, erschien ihm in einem schönen Frühling die Dame, der er die tiefste und reinste Hingabe geschworen hatte Morgen als Engel des Himmels. Und als er sie fragte, ob sie noch am Leben sei , antwortete sie ihm mit diesen Worten: „Siehe, dass du mich erkennst; denn ich bin es, die dich vom Weg der einfachen Leute abgeführt hat, weil dein junges Herz an mir festhielt.“ " Und siehe da! Am selben sechsten April, der ihm diese Vision bescherte, einundzwanzig Jahre nachdem er sie zum ersten Mal gesehen hatte, hatte Laura ein frommes Ende gefunden.

Mit flehenden Augen wiederholte Ann ihrer besten Geliebten, während sie zusammen in der Erkerbucht saßen, wie Laura ihre Petrarca von den Wegen gewöhnlicher Männer abgebracht hatte; und es ging mir zu Herzen, zu hören, wie sie ihn mit schüchternem und doch liebevollem und herzlichem Gebet darum bat, ihr zu gewähren, seine Laura zu sein und ihn weit weg von den ausgetretenen Pfaden zu führen, da diese für seinen geflügelten Geist eng und niedrig waren . Und während sie so sprach, hatten ihre großen Augen ein wunderbar klares und herrliches Licht, und als ich in ihr Gesicht blickte, das in den Schleier ihrer Trauer um ihren Vater gehüllt war, wurde mein Geist ernst, als wäre ich in der Kirche. Ich denke, Herdegen muss dies auch gespürt haben, denn er beugte das Knie vor ihr, versteckte sein Gesicht in ihrem Schoß und küsste immer wieder ihre Hände.

Aber es gab nur wenige dieser feierlichen Stunden.

Zunächst und zuletzt war es eine glückliche, freie und fröhliche, wenn auch mit Ernst vermischte Gemeinschaft, die uns zusammenhielt; und als Anns Vater einige Wochen tot war, kam unsere alte Fröhlichkeit wieder zu uns zurück, und dann, nachdem er sie eine Weile angestarrt hatte, schlug Herdegen plötzlich die Laute an und sang die alte fröhliche Runde:

„Komm, Schatz, komm zu mir.
Ach, wie sehr ich mich nach dir sehne!
Ach, wie ich mich nach dir sehne.
Komm, Schatz, komm zu mir. Süße rosige Lippen zum Küssen. Komm dann und bring mir Glückseligkeit. Komm dann und bring mir Glückseligkeit." , Süße rosige Lippen zum Küssen!"

Und wir alle machten mit, sogar Cousine Maud; nein, und sie schaute in eine andere Richtung oder verließ das Zimmer, schlich sich hinter Kunz davon und hielt einen warnenden Finger hoch, wenn sie bemerkte, wie die „süßen, rosigen Lippen" seiner Ann die von Herdegen dazu verleiteten , sie zu küssen. Aber es gab noch viele andere Lieder, und oft, wenn wir in einer mehr als gewöhnlichen fröhlichen Stimmung waren, sangen wir seltsamen jungen Dinger die traurigsten Geschichten und Melodien, die wir kannten, wie zum Beispiel „Two Waters", und doch waren wir nur die schwuler .

Herdegen konnte nicht von seiner Pflicht entbunden werden, den vielen Freunden unserer ehrenwerten Familie von Zeit zu Zeit seine Aufwartung zu machen, dennoch hielt er sich stets von Tänzen und Festen fern, und wenn er dazu gezwungen wurde, war ich stets an seiner Seite. und es war mir eine Freude zu sehen, wie höflich und zugleich kalt er sich gegenüber allen anderen Damen verhielt.

Der fünfzigste Geburtstag des Meisters wurde zu gegebener Zeit im Haus der Tetzels gefeiert , und um meinem Großonkel eine Freude zu machen, konnte Herdegen es nicht ablehnen, seinen Teil im Gesang und im Tanz beizutragen und auch Ursula, die Tochter des Hauses, hereinzuführen die Tänze. Er verlor auch nicht seine fröhliche, aber nachlässige Miene, obwohl sie nicht von seiner Seite weichen wollte und ihn auswählte, mit ihr in „The

Sulkers“ zu tanzen, einem Tanz, bei dem sich der Mann und die Magd zunächst gegenseitig den Rücken kehren und sich dann wieder versöhnen Kuss. Aber als es dazu kam, lief mir die Scham des Mädchens in die Wangen; denn beim Klang der Musik, angesichts der ganzen Gesellschaft, fiel sie ihm wie durch ein Missgeschick in die Arme; und es tat ihr recht, wenn er ihre Lippen nicht küsste, was sie bereitwillig anzubieten hatte, sondern nur ihre Stirn mit seinen berührte.

Da sie mit ihm den Ehrentanz oder ersten Tanz getanzt hatte, war es seine Aufgabe, sie um den letzten Tanz – den „Großvatertanz“ – anzuflehen; –[Immer noch ein bekannter Volkstanz in Deutschland.] – aber sie würde ihn gern für den Ärger bestrafen, den er ihr zugefügt hatte, und kehrte ihm den Rücken. Er wollte jedoch nichts davon haben; er ergriff ihre Hand, bevor sie ihn bemerkte, und zog sie hinter sich her. Es war vergeblich zu kämpfen, und bald gefiel ihr sein starker Wille, und ihr Gesicht strahlte wieder voll hell, als er, wie es dieser Tanz erforderte, mit ihr vorangegangen war und die übrigen alle ihm folgten, durch Kammer und Halle, Küche und Hof, Türen und Fenster, ja, und sogar die Ställe. Im Verlauf dieses Tanzes ergriff jeder ein Utensil oder eine Hausausrüstung, wie wir es bis heute tun; Nur niemals einen Besen, der Unglück bringen würde. Ursula hatte sich einen Löffel geschnappt, und als das tolle Spiel beendet war und er ihre Hand losgelassen hatte, klopfte sie ihm damit kräftig auf den Arm und rief: „Du bist immer noch, was du immer warst, zumindest im Tanz!“

Aber mein Bruder sagte nur: „Dann werde ich versuchen, auch darin nicht derselbe zu werden.“

Am Weihnachtsbaum und beim Teilen der Geschenke, die Cousine Maud für den Heiligabend vorbereitet hatte, waren wir alle freundlich und froh im Herzen, und Ann fand den Weg, sich uns anzuschließen, nachdem sie die Kleinen ins Bett gebracht hatte.

Herdegen sagte, sie selbst sei das teuerste Geschenk, für das er dem Christkind danken könne, und er habe ihr als kostbares Zeichen das Heldengedicht des großen Petrarca über Afrika zur Verfügung gestellt, in dem er die Taten des edlen Scipio und auch seine eigenen besingt kleinere Gedichte, alle in schöner Handschrift geschrieben. Sie machten drei hübsche Bücher, und auf den Ledereinband hatte der Buchbinder auf Befehl von Herdegen die Worte „ANNA-LAURA“ in einen Kranz voll erblühter Rosen gestempelt. Sie ließ sich nicht lange aufhalten, um ihre Absichten zu verstehen, und ihr Herz war von so froher und hoffnungsvoller Freude erfüllt, dass das Christkind an diesem Weihnachtsabend mit Sicherheit in ganz Nürnberg kein glückseligeres und dankbareres Geschöpf fand.

Die vielfältigen Pflichten, die ihr ganzes Leben lang erfüllten, ließen ihr nur wenig Zeit, um für den zu arbeiten, den sie liebte; Dennoch hatte sie mit ihrer

Nadel einen Briefbeutel gehäkelt, auf den die Arme der Schoppers aus vielen farbigen Seidenstoffen gestickt waren und in griechischen Buchstaben mit Goldfäden die Worte „Agape“ und „Pistis“ – die auf Griechisch „Liebe“ und „Treue“ lauten – geschrieben waren. Cousine Maud hatte tief in ihre Handtasche und ebenso in ihre Wäschepresse gegriffen, und auf dem Tisch unter dem Weihnachtsbaum lag manches, was für die Brauttruhe einer Jungfrau aus gutem Hause geeignet war; und obwohl Ann sich über diese Geschenke um ihrer selbst willen nur freuen konnte, tat sie dies umso mehr, als sie vermutete, dass Cousine Maud gut daran interessiert war, ihre Heirat zu beschleunigen.

Wir waren tatsächlich alle froh und dankbar; Alle bis auf den Magister, dessen Gesichtsausdruck unzufrieden und verbittert war, weil er viele Verse und Maximen über die Liebe größtenteils von griechischen und lateinischen Dichtern übernommen hatte, und doch scheiterten alle seine Versuche, sie vor Ann zu wiederholen , insofern sie sich immer wieder auf Herdegen und auf mich einließ , nachdem sie ihm einmal die Hand geschüttelt und ihn begrüßt hatte.

Herdegen zum ersten Mal seinen Platz zwischen ihm und der Geliebten seines Herzens einnahm; und wahrlich, ich trauerte um ihn, als er sich nach dem Abendessen niedergeschlagen in sein eigenes Zimmer zurückzog. Der Rest von uns ging zur St.- Sebald- Kirche, wo an diesem Abend wie jedes Jahr Mitternachtsmatinen stattfanden und eine Messe namens Christusmesse abgehalten wurde. Cousine Maud und Kunz waren bei uns, wie in den alten glücklichen Zeiten, als wir Kinder waren und uns nie vermissten; und auf den Straßen trafen wir alle möglichen Leute, die fröhlich sangen:

Puer natus in Bethlehem,
Singe, freue dich, Jerusalem!

oder das Weihnachtslied:

Congaudeat turba Fadelium !
Natus est rex, Salvator omnium
In Bethlehem.

und wir machten mit; und schließlich gingen alle zusammen, um Ann zu ihrem Haus zu begleiten.

Am nächsten Abend gab es teurere Geschenke, allerdings Puer Natus war immer noch auf den Straßen zu hören, wir fühlten uns nicht mehr dazu bewegt, mitzumachen.

KAPITEL XII.

Jedes Jahr zu Weihnachten versammelten sich alle Verwandten und Verwandten meines Großonkels oder so viele von ihnen, die mit ihm in gutem Verhältnis standen, im großen Haus des Im Hoffs . Alles in dieser Wohnung zeugte von Bequemlichkeit und Reichtum, und kein Bankettsaal könnte heller beleuchtet oder üppiger geschmückt sein als der, wo der alte Mann uns auf der Schwelle begrüßte; Und doch schien ein kalter Hauch dort zu wehen, egal wie gut der Herd gestapelt oder der Ofen geheizt war.

Während Groß und Klein sich über die Großzügigkeit des großen alten Ritters freuten, würde er selbst immer auf der Strecke bleiben, und sein ruhiges, unbarmherziges Gesicht drückte keine Veränderung aus. Es schien mir , als ob ihm das Vergnügen, das er uns allen bereitete, wenig scherte; doch war er dabei nicht untätig und überließ es auch nicht anderen; denn es gab kein einziges Geschenk, das er nicht selbst als angemessen für den ausgesucht hatte, dem es gegeben werden sollte.

Der Handel seines großen Hauses erfolgte zum größten Teil mit Venedig, und man hätte sich leicht vorstellen können, in einem schönen Palazzo am Canal Grande zu sein, wenn man die Teppiche, die Spiegel, den Brokat und die Gefäße in seinem Haus betrachtete; und nicht wenige seiner Token waren ebenfalls von dort gebracht worden.

Vor dieser Großzügigkeit in seinem eigenen Haus pflegte er den alten Männern und Frauen der armen Leute in der Stadt eine weitere, und zwar eine sehr edle, zu gewähren; und als dies vorüber war, ging er mit ihnen zur Kirche des Heiligen Ägidius und wusch etwa zwanzig von ihnen die Füße, einen Akt der Bußdemut, den er in der Passionswoche zu wiederholen pflegte.

Als er dann alle seine Verwandten in seinem Haus willkommen geheißen hatte, sagte er allen , die sich bei ihm bedankten, ganz nüchtern, wenn es sich um ein Kind handelte: „Sei ein gutes Kind.“ Aber für ältere Leute hatte er nicht mehr als „Es ist gut“ oder ein fast unhöfliches: „Das reicht.“

Heute Abend hatte er mir ein Kleid aus kostbarem Zypernbrokat geschenkt; an Kunz alles, was ein Junker auf seinen Reisen brauchen könnte; und Herdegen das gleiche Schwert, das er selbst früher am Hof getragen hatte; Der Griff war mit Edelsteinen besetzt und endete mit dem zügellosen Löwen des Im Hoffs . Ursula Tetzel hatte wie ich ein Gewandstück gehabt, das neben dem Schwert lag.

Herdegen , die juwelenbesetzte Waffe in der Hand haltend , dankte seinem Großonkel, der wie immer murmelte: „Es ist gut, es ist gut“, als Jost Tetzel sein Wort einlegte und sagte, dass die Gabe eines Schwertes dazu gedacht sei

Teil Freunde, aber dass diese schädliche Wirkung verhindert werden könnte, wenn der Empfänger dem Geber ein Gegenangebot machte und so das Token in einen Kauf umgewandelt würde.

Daraufhin beeilte sich Herdegen , eine mit Saphirsteinen besetzte Goldnadel, die Cousin Maud ihm geschenkt hatte, aus seinem Halstuch zu holen, um sie seinem Onkel anzubieten; Aber der Älteste wollte zu dieser Dummheit nichts sagen und schob die Nadel weg. Aber als mein Bruder nicht aufhörte, sondern ihn anflehte, es anzunehmen, da ihm die väterliche Güte seines Onkels so am Herzen lag, rief der alte Ritter, er wolle keinen solchen glitzernden Schmuck, sondern dass der Tag kommen würde, an dem er ihn brauchen würde eine gewisse Zahlung und Herdegen solle sich dann daran erinnern, dass er in seiner Schuld stehe.

In diesem Moment wurden sie von den Dienern am weiteren Reden gehindert, die hereinkamen, um uns zum Abendessen einzuladen, und dort standen wildes Geflügel und Fische, Früchte und Gebäck bereit, mit den seltensten Weinen und den reichsten Gefäßen; Sowohl der große Mitteltisch als auch das Beistelltisch boten einen solchen Anblick, als hätten Pomona, Ceres, Bacchus und Plutus ihn mit verschwenderischer Hand aufgehäuft. Dennoch gab es keine Vorkehrungen für fröhliches Feiern. Mein Großonkel liebte es, schon früh von seinen Gästen getrennt zu sein; Daher war für sie kein Tisch gedeckt, an dem sie sich zum Essen setzen konnten, und jeder hielt seinen Teller in einer Hand.

Vorchtel zu befreien , der mir gedient hatte – und aus dem gleichen Grund mit mir geschlafen hatte –, fand ich meinen Cousin im Gespräch mit meinem Großonkel und die letzten Worte seiner dringenden Rede, gesprochen als Ich kam auf die Idee, dass eine Frau mit gesundem Verstand, wie sie gemeinhin schien, nicht länger unter einem solchen Zustand leiden sollte.

Dann antwortete ihm Cousin Maud und sagte: „Aber Sie, mein edler und verehrter Cousin Im Hoff, wissen, dass ein Schopper immer bereit ist, mit dem Kopf gegen eine Wand zu laufen. Wenn wir uns bemühen, diesen hitzköpfigen Jungen zu vereiteln, wird er es tun.“ Eine Gewissheit trotzen wir; aber wenn wir ihn eine Zeit lang verlassen und seinen eigenen Weg gehen lassen, werden die Wasser nicht aufgestaut, sondern im Sand versiegen.“

Das war eine böse Anhörung, und so sehr es mich auch ärgerte, ärgerte mich Ursula noch mehr, während sie so tat, als ob sie sich um niemanden aus der anwesenden Gesellschaft kümmerte, außer um Sir Franz – der noch ihr Mitbewohner war – und da sie immer noch blass und schwach war, brauchte sie eine freundliche Geste Frauenhand für viele kleine Dienste, da er selbst jetzt seinen rechten Arm kaum gebrauchen konnte. Nein, und er schien Ursula als seine Helferin durchaus zu mögen; obwohl er Herdegen all ihre liebevolle Fürsorge und ihre liebevollen Blicke verdankte , denn sie schenkte sie ihm nie, außer wenn er zufällig in diese Richtung blickte.

Als wir uns alle verabschiedeten, bat mein Großonkel Herdegen zu bleiben, und Kunz wartete auf uns; aber trotz all seiner lustigen Witze, als wir nach Hause gingen, konnten wir kein einziges Mal zum Lachen gebracht werden. Mein Herz war tatsächlich richtig schwer; Wegen Cousine Maud war ein bitterer Tropfen hineingefallen. Ich hatte sie immer für unfähig gehalten, etwas anderes als das Wahrhaftigste und Beste zu tun, und sie hatte sich als Doppelgängerin erwiesen; und obwohl ich jung war und mich über das Leben freute, sagte ich dennoch in der Niedergeschlagenheit meiner Seele, wenn das Leben so wäre, dass jede arme Menschenseele jemals mit Zweifeln bewaffnet sein müsste, und sagte: „Wem soll ich vertrauen oder an wem zweifeln?“ Dann war es in der Tat ein harter und schmerzhafter Weg, den Sieg zu erringen.

Ich habe im Zimmer meiner Cousine geschlafen, und obwohl Cousine Maud nicht wusste , dass ich ihren Rat an meinen Großonkel belauscht hatte, ging sie mir in dieser Nacht aus dem Weg, und wir sprachen nicht miteinander, bis wir gute Nacht sagten. Da konnte ich es nicht mehr zurückhalten und fragte, ob es wirklich ihre Absicht sei , Herdegen von Ann zu trennen.

Und ihr ungünstiges Gesicht verzog sich seltsam und ihr Busen hob und senkte sich, bis sie plötzlich außer sich schrie: „Grausam! Unglücklich! Oh! Es wird mir das Herz aus dem Leib fressen!“ Und sie schluchzte laut, während ich dasselbe tat und schrie:

„Aber du liebst sie beide?“

„Das tue ich, und das ist genau die Sache“, unterbrach sie traurig genug. „ Herdegen und Ann! Nun, ich weiß nicht, was mir lieber ist. Aber finde, dass ich in ganz Nürnberg einen klügeren Mann habe als deinen Großonkel. Aber wahrlich, barmherzige Jungfrau, ich weiß nicht, worauf ich hinaus will – ich weiß es nicht.“ ….!"

Daraufhin vergaß ich den ihr gebührenden Respekt und fügte hinzu: „Weißt du das nicht?“ Und während sie nicht antwortete, schimpfte ich über sie und sagte: „Und doch hast du ihr die Wäsche und die Hälfte der Sachen für ihre Hausausstattung als Weihnachtsgeschenk gegeben, als ob sie allen als Braut und Bräutigam bekannt wären.“ Stadt. So alt du auch bist und so weise, kannst du dich an einer Liebesheirat erfreuen und sie sogar beschleunigen, wie du es getan hast, und doch in deiner Seele die Absicht hegen, sie endlich zu verhindern? Und ist das die Wahrheit und Ehrlichkeit dessen? Früh und spät hast du mich jemals gelehrt? Ist das Aufrichtigkeit und Treue oder nicht eher das Reden in zwei Zungen?“

Mein feuriges Blut hatte mir erneut einen bösen Streich gespielt, und ich bereute es, als ich sah, welch großen Kummer meine heftige Rede in der lieben Seele hervorgerufen hatte. Noch nie hatte ich sie so schwach und zweifelnd gesehen, und in einer Minute lag ich in ihren Armen, und eine dritte Person hätte sich wundern können , wenn sie uns alle um Verzeihung bitten hörte, sie wegen ihrer kleinmütigen Ängste und ich wegen meines unziemlichen Ausbruchs. Aber in dieser Stunde wurde ich ihre Freundin und hörte auf, nur noch ihr Kind und ihre Zärtlichkeit zu sein.

Herdegen sollte noch vor der Passionswoche aufbruchbereit sein; Doch bevor er das Haus verließ, ließ er die ganze Stadt mit seinem Lob erschallen, denn während er bisher nur in der Waffenschule Ruhm erlangt hatte, übertraf er jetzt alle anderen im Maskenumzug durch die Stärke und Geschicklichkeit seines Armes. Auch wenn dieser Brauch bis heute aufrechterhalten wird, so mag doch mancher vergessen haben, wie er entstand, obwohl er in meiner Jugend den meisten Menschen wohlbekannt war.

Dies soll also festhalten, dass in den Tagen, als die Zünfte gegen den Stadtrat rebellierten, nur die Messerschmiede und Fleischer den Adelsfamilien treu blieben und sich weigerten, für ihre Treue irgendeinen Guerdon anzunehmen, was gewesen sein muss Obwohl sie sie auf Kosten des Rests bezahlten, verlangten sie nicht mehr als das Recht, bei einem Tanz und einer Prozession beim Karneval eine gute Figur zu machen; und aus dem gleichen Grund hatten sie zu dieser Zeit das Privileg, Kleidung aus Samt und Seide zu tragen, wie sanfte Leute von edlem und ritterlichem Rang.

Nun waren dieser Tanz und sein Zubehör bei der Maskenshow bekannt, und da die Hilfe der herrschenden Klasse nötig war, um die Straßen für die Menge der Handwerker freizuhalten, und da auch die jährlichen Ausgaben ihre Mittel überstiegen, waren die Söhne der Große Häuser waren stolz darauf, stattliche Summen für das Recht zu zahlen, in der Prozession Platz zu nehmen. Und was unseren übermütigen jungen Herrn betrifft, so geschickt er auch im Umgang mit der Waffe war, so hatte er bei den Italienern viele solcher fröhlichen Karnevalsveranstaltungen gesehen und daran teilgenommen, und es war ihm eine Freude, zu Hause an diesem ähnlichen Sport teilzunehmen. und viele blickten lieber auf ihn als auf die Zünfte.

Sie versammelten sich in zwei Gruppen unter den Mauern und marschierten am Rathaus vorbei und von dort zu einem Tanz beider Zünfte. Jeder hatte seinen eigenen Tanz. Bei den Fleshers handelte es sich um einen Tanz, wie er in England Country-Tanz genannt wird, und sie hielten Lederriemen in der Hand, die so gedreht waren, dass sie wie Würstchen aussahen; Der Tanz der Messerschmiede war weniger schwerfällig und sie trugen nackte Schwerter.

Aber das Spektakel, das die Umstehenden am meisten erfreute, war der Maskenumzug, bei dem es in der Tat viele schöne und schöne Dinge zu sehen gab.

Eine Gruppe von Männern in grober Kleidung rief die Männer des Waldes herbei, die Garben von Eichenzweigen mit Eicheln trugen, und eine Reihe von Narrenkostümen, die Holzschläger schwangen, machten den Weg für die Prozession frei; Zuerst kamen Minnesänger mit Trommeln, Flöten, Trompeten und Dudelsäcken, und dabei erklangen fröhliche Glocken. Als nächstes kam einer zu Pferd mit Nüssen, die er unter die Kinder warf, woraufhin auf dem Boden fröhliches Gedränge und Geschrei herrschte. Auch aus den Fenstern und Balkonen hörte das Gelächter und Geschrei kein Ende; Die jungen Knappen ließen den Mägden und Damen, die dort saßen, keine Ruhe wegen der Blumen und Süßigkeiten, die sie ihnen vorwarfen, und der mit Rosenwasser gefüllten Eier.

In diesem Jahr, worüber ich schreibe, trugen viele Leute in der Prozession Kleidungsstücke derselben Farbe und Form; aber unter ihnen gab es einige, die den Spaß liebten und als wilde Männer und Frauen oder als schwarze Amoore , Oger, die Kinder fressen, Straußenvögel und dergleichen gekleidet waren. Zuletzt kam der größte Ruhm der Show, verschiedene große Gebäude und Geräte, die von Pferden gezogen wurden: ein Narrenschiff und dahinter eine Windmühle und ein Vogelfänger, in dem Narren, Männer und Frauen, gefangen wurden, und anderes solche Freizeitbeschäftigungen.

Mein Herdegen hatte sich unter diese wundersame Gemeinschaft gemischt, gekleidet wie ein Kreuzritter, der drei gefangene sarazenische Prinzen anführte; nämlich die beiden jungen Meister Löffelholz und Schlebitzer , die ihn angeregt hatten, sich in der Fechtschule einzukleiden, zu Pferd, und zwischen ihnen mein Knappe Akusch auf dem Kamel des Bärenführers, ganz in Weiß wie ein Sohn der Wüste; und die drei wurden mit Ketten aus Holz gefesselt.

Mein Großonkel hatte Herdegen das Kettenhemd geliehen, das er selbst in seiner Jugend bei einem Turnier getragen hatte;

Cousin Maud hatte seinen weißen Umhang mit einem roten Kreuz versehen, und als er auf einem edlen schwarzen Ross im Kettengeschirr mit scharlachroten Beschlägen ausritt – dem schönsten und kräftigsten Pferd im Im Hoffs ' Ställe – und sein goldenes Haar, das in der Sonne glänzte, konnte so manche Magd ihre Augen nicht von ihm lassen.

Kunz, im Gewand eines Narren, hin und her, ja, überall gleichzeitig, hatte zweifellos den besseren Spaß; aber Herdegens Herz schlug umso höher, denn er konnte tausend Stimmen hören, die ihn für den schönsten und seine Truppe für die fürstlichste von allen verkündeten; Aus manchen Fenstern wurde eine Blume oder ein Band oder ein Knoten auf ihn geworfen. Schließlich, als der Tanz zu Ende war, brachten die Zünfte sie mit den Stadtpfeifern zum Quartier des Oberpolizisten, wo ihnen etwas zu trinken serviert wurde und sie das Faschingsdienstagsmahl mit Fisch aßen, das ihnen zu Ehren gegeben wurde. Als die Prozession vorüber war, forderte mein Großonkel Herdegen auf, zu ihm zu gehen, und was der alte Mann dann sagte und tat, um ihn dazu zu bewegen, seine Liebe aufzugeben, war klug geplant und blieb nicht ohne Wirkung auf seinen Geist. Nachdem er ihn von Kopf bis Fuß angeschaut hatte, ohne etwas zu sagen, aber nicht wenig zufrieden war, klopfte er ihm freundlich auf die Schulter und führte ihn wie zufällig zum venezianischen Spiegel im Speisesaal. Dann zeigte er auf das Bild vor ihm: „Ein Tankred!" rief er, „ein Gottfried! Richard von Löwenherz! Und die Braut eine elende Schreiberin ! – eine edle Braut!" Daraufhin feuerte Herdegen Feuer und begann Anns seltene und erlesene Schönheit zu loben; aber sein Vormund unterbrach ihn abrupt, legte seinen Arm um seine Schultern und murmelte ihm ins Ohr, dass in seinen jungen Tagen auch Jugendliche von adliger Herkunft unbedingt Liebe mit den schönen Töchtern der einfachen Bürger machen müssten, aber der Mann, der das hätte tun können dachte daran, einen von ihnen in gutem Glauben zu umwerben….

Hier brach er mit einem scharfen Lachen ab, zog den Jungen näher an sich heran und rief:

„Es ist nichts Schlimmes gemeint, mein Tankred! Und du darfst das schwarze Pferd als Erinnerung an diese Stunde behalten."

Es war der alte Berthold, der Leibdiener meines Onkels, der mir das alles erzählte; Als Herdegen nach Hause kam, beantwortete er keine meiner Fragen. Er wollte meinem Gebet nicht nachkommen, dass er sich Ann in seinem Rittergeschirr zeigen möge, und sagte etwas barsch, dass ihr solche Mumien nicht gefielen. Daher war es nicht schwer zu erraten, was in seinem Kopf vorging; Aber wie kam es dazu, dass dieser alte Mann, dessen fürstliche Frau seinen Frieden und sein Glück ruiniert hatte, so eifrig daran arbeiten konnte, ihn, den er auf Erden am meisten liebte, in einen ähnlich bösen Weg zu führen? Und unter vielen Dingen, die mir an Verständnis mangelten, gab es noch diese: Warum sollte Eppelein , der seinen Herrn so innig liebte und der die Schönheit eines jungen Mädchens zu schätzen wusste – und warum sollten meine gute Susan und der größte Teil davon Unsere Diener haben sich so gehässig gegen Ann gewandt, zu der sie in den vergangenen Tagen immer höflich und hilfsbereit waren, seit sie eine Verlobung zwischen ihr und meinem ältesten Bruder gewittert hatten?

Von Anfang an war ich nur unzufrieden gewesen, Herdegen so eifrig bei diesem müßigen Sport zu sehen und so viele Stunden von seiner Geliebten getrennt zu verbringen, wo er uns doch so bald verlassen wollte. Dennoch brachte ich es nicht übers Herz, ihn zu ermahnen, umso mehr, als er in mancher trüben Stunde glaubte, er müsse um seiner Liebe willen auf verschiedene Vergnügungen verzichten, die unser Vater hatte genießen dürfen; und ich weinte, dass ich wüsste, woher diese Kleinmut kam, die so wenig mit seinem gewohnten Übermut zu tun hatte.

Wenn ich zurückblicke, stelle ich kurz vor diesem Zeitpunkt zunächst fest, dass es Ann nicht gelungen war, ihre Liebesbeziehungen vor ihrer Mutter geheim zu halten. Obwohl sich die noch junge und hübsche Witwe feierlich geschworen hatte, kein Wort darüber zu äußern, konnte sie, wie die meisten Italienerinnen – und vielleicht viele Nürnbergerinnen – nicht umhin, das zu erzählen , wovon ihr Herz und ihr Gehirn erfüllt waren, weil sie es für nötig hielt großes Glück für ihr Kind und ihre ganze Familie; und sie hatte das Geheimnis mit all ihren engsten Freunden geteilt. Acht Tage vor Faschingsdienstag hatte man Cousine Maud und uns drei Schoppers den Auftrag gegeben, den Abend im Haus am Fluss zu verbringen, und Dame Giovanna, gutherzig wie eh und je, aber nicht weitsichtig, hatte ebenfalls ihren Schwiegervater eingeladen , der Lautenspieler, und Adam Heyden vom Turm und Anns einzige Tante, die Witwe von Rudel Hennelein .

Dieser Hennelein war der städtische Imker gewesen, der Chef der Imker, die damals wie heute ihr Geschäft draußen im Lorenzer Wald hatten. Zu seinen Aufgaben gehörte es, dreimal im Jahr in einem Dorf namens Feucht eine Gerichtsverhandlung für die Bienenzüchter abzuhalten und sich deren Beschwerden anzuhören; und obwohl er sein Amt ohne Tadel erfüllt hatte, hatte er mit seiner Frau im Streit gelebt, und da er zu Unruhen neigte, pflegte er lieber in die Taverne zu gehen, als mit seiner verärgerten Frau am Tisch zu sitzen.

Als er kurz darauf starb, blieb nur wenig übrig, und die Witwe in dem kleinen Haus am Milchmarkt musste jeden Heller zweimal hinsehen, obwohl sie weder Küken noch Kind hatte. Und während die Hälfte der Opfergaben, die die Imker zur Unterstützung der Witwe ihres Herrn schickten, in Honig bestanden, bemühte sie sich, diesen bestmöglich zu nutzen, und zu diesem Zweck würde sie ihn auf keinen Fall an die Händler verkaufen, die ihn anbieten würden Sie nahm es mit, sondern trug es selbst in hübschen kleinen Töpfen, einen nach dem anderen, zu den Häusern der reichen Leute, wodurch ihr Gewinn umso größer war.

Während ihr Mann ein Angehöriger der ehrwürdigen Klasse der Beamten gewesen war, war sie der Meinung, dass ein solcher Handel ihrer Würde nicht ziemte; und sie trug stets eine große Pelzmütze, rund so groß wie ein Wagenrad von ziemlicher Größe, und die ganze andere Ausstattung einer wohlhabenden Hausfrau, wenn auch in Wahrheit etwas abgenutzt. Dann schenkte sie den Müttern von Kindern ihren Honig für ihre lieben Kleinen; Sie ließ sich auch nie dazu bewegen, einen Preis für ihre Schenkung zu nennen, da es sich nicht geziemte, dass die Witwe eines Bienenmeisters dies tun sollte, während es ihr nur zu Ehren galt, als als zivile Gegenleistung ein kleines Kopfgeld angeboten wurde.

Ihr Schatz war gut genug, und die Kinder freuten sich immer, sie zu sehen, umso mehr, als sie hinter ihrem Rücken ihren Spaß mit ihr hatten, da sie ein lächerliches kleines Mädchen war, das die Kunst hatte, Letzteres zu wiederholen Wort jedes Satzes, den sie sprach. Sie würde also nicht sagen: „Ah! Hier kommt Kunz", sondern: „Hier kommt Kunz Kunz ." Außerdem hielt sie ihren Kopf immer fest zwischen ihren beiden Händen, als ob ihr dünner Hals mit der großen Pelzmütze Gefahr lief, zu brechen.

Auf diese Weise verkehrte sie mit den meisten unserer Adelsfamilien; und die Jungen nannten sie nicht Hennelein , wie sie hieß, sondern Henneleinlein , als Scherz über ihren törichten Trick, ihr letztes Wort zu wiederholen.

Solange ich mich erinnern konnte, hatte Frau Henneleinlein die Gewohnheit gehabt , Honig in unser Haus zu bringen, und hatte von Cousine Maud außer mancher glänzenden Münze auch verschiedene abgenutzte, aber brauchbare Kleidungsstücke als „Andenken" erhalten. Und Herdegen war vor allem bereit gewesen, sich über sie lustig zu machen; aber er hatte erfahren, dass sie Liebenden gegenüber stets gütig war und so manchem Paar geholfen hatte , zusammenzukommen.

Die frohe Nachricht, dass ihre Nichte vom Schicksal dazu auserwählt wurde, über das Haus der Schoppers zu herrschen , erfüllte sie mehr als alle anderen mit Stolz und Zufriedenheit, und nachdem Dame Giovanna ihr dieses Geheimnis verraten und sie dann gebeten hatte, uns zu treffen, hielt sie so fest daran fest Herdegen , dass Ann voller Ärger und Ängste war. Ich konnte nicht anders, als zu bemerken, dass es meinem Bruder zutiefst unangenehm war, als Dame Henneleinlein seinen Arm tätschelte; und als sie seinen Schatz auf die Lippen küsste, zuckte er zusammen, als hätte jemand eine schmutzige Hand auf sein helles Samtwams gelegt. Er hatte immer eine herzliche Freundschaft zu dem würdigen Lautenspieler empfunden, der ein Meister seiner eigenen Kunst war; ja, und oft war er mit Freuden die Turmtreppe hinaufgestiegen, um den alten Organisten zu sehen; Aber jetzt erfüllte ihn die Tatsache, dass er von diesen beiden guten Männern wie ein Kind ihrer eigenen Familie behandelt wurde, mit Abscheu; Denn es kann durchaus sein, dass mancher, den wir in seinem eigenen Zuhause und in seiner Gesellschaft gerne aufsuchen und den wir wirklich wertschätzen, wie ein anderer Mann erscheint, wenn er den Anspruch erhebt, mit uns als einer von uns zu leben.

Cousine Maud hatte sich nicht entschieden, Dame Giovannas Gebot anzunehmen, vielleicht um meines Großonkels willen; So entging sie dem

Ärger, Herdegen in dieser ersten Nacht, die er mit seinen zukünftigen Verwandten verbrachte, so schweigsam und launisch zu sehen, dass er kaum noch so war wie er selbst. Er wurde blass und biss sich auf die Unterlippe, was er sonst nie tat, außer als er mit großer Mühe sein Temperament unter Kontrolle brachte, als Herrin Hennelleinlein , die ihn bisher nur als rüpelhaftes junges Schwert gekannt hatte und nun seine Zurückhaltung und sein Schweigen nach ihrer eigenen Art interpretierte, bemerkte Es war geheimnisvoll, dass der Junker mit seiner jungen Braut eine große Familie mitnehmen musste – obwohl tatsächlich die Hoffnung bestand, dass die Last bald geringer sein würde. Denn sie fuhr fort und warf Herrin Giovanna einen lüsternen Blick zu, dass eine so hübsche Stiefmutter jede Menge Verehrer haben würde, und sie selbst hatte einen im Auge, der, wenn er nur zur Sache gebracht würde, reichlich keine bieten würde nur für die Mutter, sondern für die ganze Brut der Kleinen.

Dies und noch viel mehr wiederholte er selbst zu mir, als wir nach Hause gingen, und sprach mit tiefem Zorn und im Tonfall des Zorns; und was Dame Henneleinlein ihm sonst noch ins Ohr geflüstert hatte, war für mich weniger unangenehm als vielmehr Anlass zu begründeten Ängsten, da der alte Körper ihm gesagt hatte, dass der Mann, der Herrin Giovanna gern den Hof machte, kein anderer war als der Kupferschmied Ulman Pernhart , der Vater der schönen Magd, um deren willen Tante Jacoba ihren einzigen Sohn verbannt hatte.

Vergebens habe ich in aller Ehrlichkeit das Lob des Kupferschmieds ausgesprochen; Herdegen blieb taub, genau wie mein Onkel und meine Tante es getan hatten. Der Gedanke, dass seine Frau jemals verpflichtet sein sollte, diesen Handwerker zu ehren, und sei es auch nur als Stiefvater, und dass er sich von ihm mit „Sohn“ anreden lassen sollte, war ein zu kluger Vorstoß.

Am nächsten Morgen hatten ihn die Junker in die Waffenschule und dann in die Herrenschenke verschleppt, um an der Maskerade teilzunehmen; und als Ann zu späterer Stunde, nachdem sich die Menge zerstreut hatte, zu uns nach Hause kam, war ihr Geliebter nicht zu Hause: Er war wieder zu den Feierlichkeiten in die Taverne gegangen, wo er Arbeiter wie den zukünftigen Stiefsohn seiner Geliebten treffen würde. Vater.

Zur gleichen Zeit, als es fiel, war Bruder Ignatius vom Orden der Grauen Brüder viele Male zu unserem Haus gekommen, um auf Wunsch meines Großonkels, dessen Almosenverwalter er war, und als Herdegen es uns auf Ash ankündigte Am Mittwoch, als der heilige Mann sich gewünscht hatte, in seiner Begleitung bis nach Ingolstadt reisen zu dürfen, sah ich keinen guten Ausgang voraus; Denn obwohl der Pater ein wirklich ehrwürdiger Priester war, dessen lebhafte Rede mir oft Freude bereitet hatte, musste es sicherlich seine Absicht sein, die Wünsche meines Onkels zu beschleunigen.

Trotz allem war Herdegens Abschied so tief betrübt, dass ich alle Zweifel und Ängste beiseite schob.

Ann, die in allen Angelegenheiten das Gleiche empfand wie er und ihm ihr ganzes Vertrauen schenkte, war klug genug zu wissen, dass er keine Bindung zu ihren Verwandten und Verwandten eingehen konnte; ja, dass es für ihn schwer sein muss, eine solche Frau wie Herrin Henneleinlein seine Tante nennen zu müssen . Außerdem hatten er und sie vereinbart, dass er künftig nicht mehr in Nürnberg wohnen, sondern ein Amt und eine Pflicht im kaiserlichen Dienst anstreben sollte; und Sir Franz hatte seinen Onkel eifrig um sein gutes Wort gebeten, da er einer der Mächtigsten am Hofe des Kaisers war.

Als sie nun kurz vor seiner Abreise mit mir allein waren, schrie Ann, eingedenk des Pakts, den sie geschlossen hatten: „Du versprichst mir, dass wir unser Nest an einem weit entfernten Ort bauen werden; und es sei dort, wo es ist." Wo immer wir uns selbst überlassen sind und nur einander haben, muss ein glückliches Leben auf uns warten."

Da blitzten seine Augen, und er rief mit der Kühnheit eines Jungen:

„Mit der Kapuze eines Arztes werde ich am Hofe des Kaisers bald Ratsherr und schließlich, so Gott will, Kanzler des Reiches sein!"

Danach sprachen sie noch viele liebevolle und rührende Worte, und als er schon im Sattel saß und ihr ein letztes Lebewohl zuwinkte, flossen Tränen aus seinen Augen –

Ich sah sie mit Sicherheit. – Und in diesem Moment flehte ich den Herrn an, dass er mich lieber züchtige und mit Schmerz und Kummer auf die Probe stelle, sondern dass er diese beiden zusammenführe und ihre Ehe mit der höchsten Glückseligkeit krönen lasse, die jemals menschlichen Herzen gewährt wurde.

KAPITEL XIII.

Der Frühling war vorbei und wieder führte der Sommer mich und Ann zurück in den grünen Wald. Tante Jacobas Krankheit wurde nicht im Geringsten gebessert, und die Verbannung ihres einzigen und hübschen Sohnes nagte an ihrem Herzen; Aber je mehr sie Pflege und Aufmunterung brauchte, desto mehr konnte Ann für sie tun und desto lieber wurde sie dem Herzen der kranken Frau.

Kunz war immer in Venedig. Herdegen schrieb zunächst sehr liebevolle Briefe aus Padua, aber dann kamen sie seltener, und das letzte, was Ann mir jemals zeigen musste, war eine bloße Finte, die mir wirklich nicht gefiel, denn obwohl sie voller großer Worte war, war sie leer von Nachrichten aus seinem Leben oder von seinem Herzenswunsch. Was das alles bedeuten musste, konnte Ann mit ihrem klaren Verstand und ihrer wahren Liebe nicht umhin, zu erkennen; Dennoch hörte sie nicht auf, auf der Wahrheit ihres Geliebten aufzubauen; oder wenn sie es nicht tat, verbarg sie es vor aller Welt, sogar vor mir.

Wir verließen den Wald früher als gewöhnlich, am Tag des Heiligen Maurice, da Ann nicht länger verschont bleiben konnte und ich es jetzt mehr denn je nicht ertragen konnte, sie allein zu lassen.

Onkel Christian ritt mit uns in die Stadt, und wenn er sie schon zuvor sehr geliebt hatte, so hatte er sie in dieser letzten langen Zeit unseres Zusammenseins noch mehr in sein Herz geschlossen. Und obwohl er ihr nun das Recht gegeben hatte, ihn davor zu warnen, zu viel Wein zu trinken, nannte er sie gern seine kleine Wächterin, denn es sei die Aufgabe des Wächters, vor dem Ansturm des Feindes zu warnen.

Aber während Ann in der Forest Lodge so sehr geliebt wurde, wurde sie bei ihrer Rückkehr nach Hause nicht angenehm willkommen geheißen. In ihrer Abwesenheit hatte der Kupferschmied Pernhart ihre Mutter ernsthaft umworben, und da die älteste Tochter nicht zur Stelle war, war sie so schnell vorangekommen, dass die Witwe nachgegeben hatte. Ann wagte es einmal, ihre Mutter mit gebührender Ehrfurcht anzuflehen, ihr Vorhaben aufzugeben, aber sie fiel ihrem Kind um den Hals, als wäre Ann die Mutter, und flehte sie unter vielen Tränen an, ihr ihren Willen zu überlassen. Ann würde mit Sicherheit nicht mehr lange unter ihrem Dach bleiben, um sich um die jüngeren Kinder zu kümmern, und es lag nicht in ihrer Macht als Mutter, ihnen den Weg zu weisen, den ihr Vater ihnen vorgeben wollte. Dafür war Ulman Pernhart der fitteste Mann. Ihr verstorbener Ehemann war ein Schulkamerad ihres Verehrers und seines Bruders, des ehrwürdigen Lord Bishop, gewesen, und er hatte viel von Meister Ulman gehalten. Dies gab ihr die Kraft, dem Impuls ihres Herzens zu folgen. Auf diese Weise versuchte die Mutter, ihr Kind dazu zu bewegen, mit Wohlwollen auf den Wunsch ihres feurigen italienischen Herzens zu achten, das jetzt beschämt und überredend war und bald Tränen in den Augen hatte; Und obwohl die Witwe bereits über fünfunddreißig und ihr Verehrer fast über fünfzig war, hätte kein Mann, der das Paar zusammen gesehen hätte, Spaß an ihrer Liebe gemacht. Die Dame aus Venedig hatte so wenig von ihrer jugendlichen Schönheit und ihrem Charme verloren, dass es in Wahrheit ein Wunder war; und was Meister Pernhart betrifft , so war er selbst unter vielen kein Mann, den man übersehen sollte.

So wie er zu dieser Zeit war, könnte man ihn für das Muster eines unerschütterlichen und aufrichtigen deutschen Meisters halten ; nein, auch das Kettenharnisch eines Ritters hätte ihm nicht schlecht gestanden. Oder hatte er jemals daran gedacht, Herrin Giovanna den Hof zu machen? Ich hatte den Pfründnermeister von Hellfeld von Pernhart als einem wirklich guten Kerl sprechen hören , auf den die Stadt stolz sein könnte; und dann sprach er auch von Meister Ulmans Bruder, der ein Diener der Heiligen Kirche geworden war und als junger Mann zur Würde eines Bischofs erhoben worden war.

Als das große Schisma ein glückliches Ende gefunden hatte und ein Oberhaupt statt drei die Kirche regierte, hatte Papst Martin V. ihn als Sitz in seinem Rat ausgewählt und ihn in Rom behalten, wo er einer der Mächtigen der Kirche war Kurie.

Obwohl sein guter deutscher Name Pernhart nun in Bernardi geändert wurde, hatte er nicht aufgehört, seine Heimatstadt und seine eigenen Verwandten zu lieben, und hatte so viel zum Wohlstand und Wohlstand seiner eigenen Mutter und seines einzigen Bruders beigetragen, der Kupferschmied gewesen war war in der Lage, sich eine Wohnung zu bauen, die nur wenig hinter der der adligen Bürger zurückblieb. Er war in letzter Zeit in seinem großen Haus verlassen gewesen, aber es war kein Grund nötig, um ihn dazu zu bewegen, sein Auge auf die schöne Witwe des besten Freundes seines ehrwürdigen Bruders zu richten.

Während Ann im Wald war, hatte Herrin Giovanna Pernhart in das Geheimnis der Verlobung ihrer Tochter mit Herdegen eingeweiht , und sobald das junge Mädchen wieder zu Hause war , hatte er mit wenigen, aber herzlichen Worten mit ihr über die Angelegenheit gesprochen und es ihr erzählt , dass sie in seinem Haus immer willkommen sein und dort den Platz seiner verlorenen Gertrude einnehmen würde; aber wenn sie Lust hätte, einen ehrlichen Mann zu heiraten, würde er es sich zur Aufgabe machen, für ihr Outfit zu sorgen.

Diese Dinge und noch viel mehr zogen mich zu seinen Gunsten, so wenig ich wünschte, dass er die Witwe um Herdegens willen heiraten sollte; und als ich ihn zum ersten Mal traf, als er mit Anns Mutter verlobt war, schüttelte der großartig aussehende Mann mir mit herzlicher Freundlichkeit die Hand und dankte mir dann mit Wärme und Einfachheit für alles, was ich für sie getan hatte, die von nun an seine Liebste und Kostbarste sein würde Schatz, ich erwiderte den warmen Griff seiner Hand mit aller Ehrlichkeit, und aus tiefstem Herzen antwortete ich ihm, dass ich ihn gerne als neuen Freund begrüßte, obwohl ich dasselbe von meinem Bruder nicht erwarten konnte .

Er hörte dies mit einem seltsamen Lächeln, halb traurig, aber mir schien es , halb stolz; dann streckte er seine hornige, hart gearbeitete Hand vor und sagte, dass es sicherlich ein unpassendes Paar sei, wenn eine solche Hand eine weiche und weiße Hand umfassen sollte, die aus einem Samtärmel kommen könnte; dass er, um die Frau, die er liebte, für sich zu gewinnen, ihren Stamm an Kindern in Kauf genommen hatte und fest entschlossen war, große Freude an ihnen zu haben und ihnen ein wahrer Vater zu sein, mein Herr Bruder, wenn seine Liebe nicht geringer wäre Allerdings musste er das Beste aus seinem Schwiegervater machen, dessen Ehre, obwohl er nur einfacher Abstammung war, in den Augen Gottes so rein war wie die eines anderen Mannes.

Und als wir uns unterhielten, stellte ich fest, dass in seinem Gehirn und Herzen mehr und edlere Materie steckte, als ich je bei einem Handwerker vermutet hätte. Wir trafen uns oft und lernten uns gut kennen, und eines Tages fragte ich ihn, ob er dem Junker wirklich vergeben habe, durch den er den verloren hatte, den er am meisten liebte.

Er antwortete sofort, dass ich die Schuld nicht jemandem zuschieben dürfe, den er jemals als tapferen und aufrichtigen Jugendlichen in Erinnerung behalten würde, da es nicht mein Cousin, sondern er selbst gewesen sei, der dem Liebesspiel zwischen Götz ein Ende gesetzt habe und Gertrud. Nach dem Bruch zwischen Götz und seinen Eltern war es für ihn am schwersten gewesen, den Gebeten des hingebungsvollen Liebhabers und seines eigenen Kindes kein Gehör zu schenken. Aber bei allem hatte er die Doktrin im Hinterkopf behalten, nach der sein Vater ihn immer geleitet hatte, nämlich, unserem Nächsten keinen Kummer zu bereiten, der uns selbst das Herz schmerzen ließe. Deshalb überlegte er, was er gegenüber jemandem empfinden würde, der sein Kind gegen seinen Willen mit einem Verehrer verheiraten ließ, den er nicht mochte; und während seine eigene Würde als Mann und seine Sorge um das Wohlergehen seiner Tochter es ihm verboten, sie einem Jugendlichen zur Frau zu geben, dessen Verwandte sie mit Verachtung und Missgunst statt mit Liebe und Freundlichkeit aufnehmen würden, hatte er sich schließlich entschieden Sein Herz verhärtete sich gegen den jungen Waldstromer , den er wie seinen eigenen Sohn geliebt hatte, und zwang ihn, sich weit von seiner Geliebten zu entfernen. Ich war in meinem Herzen seltsam wütend auf meinen Cousin, weil er nicht alles gegeben hatte, um eine so schöne Magd zu gewinnen; nein, und ich war so dreist, zu gestehen, dass ich an Gertrudes Stelle meinem Geliebten hätte nachgehen sollen, wohin auch immer er wollte, selbst gegen den Willen meines Vaters.

Und wieder erschien dieses stolze Lächeln auf Ulman Pernharts bärtigen Lippen, und in seinen Augen blitzte Feuer auf, als er sagte: „Mein Leben bewegt sich in einer engen Runde, aber alle, die darin wohnen, beugen sich meinem Willen, wie sich das Kupfer unter meinem Hammer biegt. Wenn Sie denken dass der Junker kampflos nachgab, da irren Sie sich gewaltig; nachdem ich ihm das Haus verboten hatte, hatte er Gertrude dazu verleitet, sich gegen mich zu wenden, und war bereit, sie zu entführen; ja, und Sie können es glauben, meine eigene Mutter war auf ihrer Seite die Jungen. Der Priester war sogar bereit, sie heimlich zu heiraten, und sie hätten trotz mir gewonnen. Aber die Augen der Eifersucht sind immer die schärfsten; mein Oberlehrling, der unsterblich in die Magd verliebt war, Ich habe die Verschwörung verraten, und dann, Herrin Margery, wurden Dinge gesagt und getan – Dinge, über die ich besser schweigen sollte. Und wenn Sie Lust haben, sie zu erfahren, können Sie meine Mutter fragen. Sie werden es eines Tages sehen, wenn Sie es nicht tun Verachtung, mein Haus zu betreten, und wenn Sie ihre Freundschaft gewinnen – und ich bezweifle nicht, dass Sie das tun werden, auch wenn sie nicht jedem gewährt wird –, wird sie sich gerne über mein Handeln in dieser Angelegenheit beschweren – allerdings über mein eigenes, das ihres eigenen Sohnes in anderen Punkten pflegt sie meine Tugenden allzu laut zu loben.

Diese Rede hob meinen Cousin meiner Meinung nach noch einmal an seinen alten Platz, und ich wusste jetzt, dass der ehrliche Blick seiner blauen Augen, der zweifellos das Herz der schönen Gertrude gewonnen hatte, vertrauenswürdig und wahr war.

Meister Ulman Pernhart war auf recht nüchterne Weise mit der schönen Herrin Giovanna verheiratet, und ich erinnere mich noch heute daran, wie ich sie in der St.-Laurentius-Kirche heiraten sah. Einige Monate zuvor wurde ich zum ersten Mal zu einem Tanz im Rathaus mitgenommen. Sobald ich dort meine ersten kleinen Befürchtungen vergessen hatte, genoß ich mit großer Freude den Klang der Musik, und der Tanz erfreute mich wahrlich. Aber obwohl ich keinen Mangel an jungen Damen, meinen Freundinnen, und noch weniger an Jugendlichen, die meine Gunst gewinnen wollten, feststellte, verlor ich dennoch nicht das Gefühl, einen Teil meines Wesens zu Hause gelassen zu haben; ja, dass ich kaum ein Recht auf diese Freuden hatte, da meine Brüder in einem fernen Land waren und Ann sie nicht mit mir teilen konnte, und während ich mein Vergnügen genoss, hatte sie Kummer.

Dann gab es einen zweiten Tanz und einen dritten und vierten; und zu Hause kam eine ganze Schar junger Männer in ihren besten Gewändern, um Cousin Maud, jeder auf seine Art, zu bitten, mir den Hof machen zu dürfen; aber obwohl sie alle aus guter Familie stammten und ich gegenüber manchen keine Abneigung empfand, empfand ich überhaupt nichts wie Liebe, wie ich sie mir vorgestellt hatte, und ich wollte keinem von ihnen etwas zu sagen haben. Und das alles nahm ich mit leichtem Herzen auf, wofür Cousine Maud mich oft – und das mit Recht – zurechtwies.

Aber zu dieser Zeit und noch mehr im Laufe der Monate wusste ich kaum, was ich dachte; ein anderes Schicksal als mein eigenes lastete am meisten auf meiner Seele; und ich achtete so wenig auf meinen eigenen Wert, dass es mir so vorkam, als könne es niemanden glücklicher machen, mich sein Eigen zu nennen. Alles andere im Leben verging wie ein Schatten vor meinen Augen; Es kam eine Zeit, in der alle Freude von mir verschwunden war und meine Verehrer mich im Tanzsaal vergeblich suchten, denn ein großer und schwerer Kummer befiel mich.

Herdegen war alles zu Ende – selbst jetzt kann ich es kaum ertragen, die Worte aufzuschreiben ; und zwar ohne ihr Verschulden, sondern einzig und allein aufgrund seiner großen und unverzeihlichen Sünde.

Aber ich werde der Reihe nach aufschreiben, wie es dazu kam. Schon zu Martini hörte ich von Cousine Maud – und mein Großonkel hatte ihr erzählt –, dass Herdegen Padua verlassen hatte und dass er beabsichtige, in Paris den Doktorgrad zu erwerben, wohin das große Genie des berühmten Gerson die fleißige Jugend zog aller Länder; und sein Grund dafür war, dass ein blutiger Kampf den Boden Italiens zu heiß für seine Füße gemacht hatte. „Diese Nachricht verhieß Böses; umso mehr, als weder wir noch Ann eine Nachricht von Herdegen in seiner eigenen Hand hatten, die uns mitteilte, dass er das Land und seine Schule verlassen hatte. Dann konnte ich in meiner Angst und meinem Kummer nicht anders, als dorthin zu gehen Mein Großonkel, aber er wollte weder mir noch Cousin Maud etwas zu sagen haben, sonst vertröstete er uns mit ungeduldigen Antworten oder leeren Worten, die nichts bedeuteten. So lebten wir in Angst und Kummer, bis schließlich einige wenige Tage bevor Pernhart heiratete, erhielt ich einen Brief aus Eppelein , und ich habe ihn jetzt vor mir, neben anderen Papieren, die alle vergilbt sind.

„Von Deinem ergebensten und gehorsamsten Diener Eppelein „Gockel an die Dame Margery Schopper " lautete die Überschrift. Und er entschuldigte sich weiter damit, dass er die Kunst des Schreibens nicht verstehe und den Dienst des Magisters des jungen Grafen von Solms erbeten habe .

„Und da ich einst der berühmten und verehrten Herrin Margery in ihrer schwesterlichen Fürsorge mein Wort als Mann geschworen habe, dass ich ihr schreiben würde, wenn wir jemals die Gunst ihres Rats und ihrer Hilfe benötigen würden, würde ich es jetzt tun hätten uns nach der Hilfe des Magisters gesehnt, wenn die allbarmherzige Jungfrau uns nicht zu gegebener Zeit geholfen hätte.

„Dennoch war mein Herz bewegt, Ihnen zu schreiben, gnädige und verehrungswürdige Herrin Margery, denn ich wünschte, Sie würden in Trauer sein und sich nach der Nachricht von meinem gnädigen Meister sehnen; denn es ist mittlerweile lange her, seit ich ihm seinen letzten Brief gegeben habe der Schopperhof ist dem deutschen Postläufer unterstellt; und es scheint mir, dass mein gnädiger Herr seine kostbare Zeit lieber zum Lernen und für andere Freizeitbeschäftigungen geopfert hat als für diejenigen, die als seine nächsten Verwandten immer bereit und willens sind, geduldig zu sein mit ihm; und sie könnten tatsächlich, wenn sie wollten, bei meinem Herrn, dem Ritter Sebald, nachfragen Ich hoffe, dass es ihm gut geht. Mein gnädiger Herr ließ ihn in langen Briefen wissen, wie die Dinge mit ihm vorangingen, und erzählte ihm mit Gewissheit, dass der alte Marchese und seine Neffen, boshafte Schurken, wegen der jungen und jungen Leute des alten Marchese in Padua mit uns in Streit gerieten schöne Dame, die meinen gnädigen Herrn so sehr schätzte, dass ganz Padua davon sprach.

„ Dennoch war es ein böses Geschäft, denn drei von ihnen fielen in der Dunkelheit der Nacht auf uns; und wenn die barmherzigen Heiligen uns nicht mit ihrer besonderen Gnade beschützt hätten, wäre edleres und ehrenhafteres Blut vergossen worden als diese Schurken. Auch wir kam mit gutem Herzen und gesundem Körper nach Paris; und das ist eine Stadt, in der das Leben weitaus bezaubernder ist als in Nürnberg.

„Während ich ganz genau wusste, dass Sie, hochverehrte Herrin Margery, Herrin Ann Spiesz jemals Ihre gnädige Freundschaft geschenkt haben – und ich selbst sie als eine Dame voller Tugend in der Tat in höchstem Maße respektiere –, möchte ich sie darum bitten lege so bald wie möglich alle Gedanken an meinen gnädigen Herrn aus ihrem Herzen und strebe nicht mehr danach, seinen Treuetreue zu wahren, da dies nichts Gutes bewirken kann. Es wäre besser, wenn sie sich einen anderen Verehrer suche, der in seinen Absichten ehrlicher ist , damit sie ihre Jungfräulichkeit nicht völlig vergeudet – was die heilige Katharina verbietet! Doch, verehrungswürdigste Herrin Margery, ich flehe Sie mit gebührender Unterwürfigkeit an, dies Ihrem geliebten Bruder nicht übelzunehmen und ihm auch nichts von Ihrem Anteil zu entziehen kostbare Liebe, wohingegen mein gnädiger Herr zu Recht höher auf seine zukünftige Frau achten darf. Und was seine Taten jetzt in seinem unverheirateten Zustand betrifft, so ist von uns das Sprichwort wahr: „Wie der Herr, wie der Mann." Und während ich, der ich nur ein armer und armer Mensch bin, wahr ist Als einfacher Diener habe ich mein Herz nie an eine einzige Magd gehängt, nichts Geringeres kann ich von meinem gnädigen Herrn erwarten, der reich und von edler Herkunft ist.

Zu jeder anderen Zeit hätte mich dieser Brief mit Sicherheit zum Lachen gebracht, aber wie die Dinge lagen, brachten mich die Art und Weise des Briefes des niederen Burschen, der es wagte, so über Ann zu schreiben, in Wut. Und doch war er ein tapferer Kerl und von seltener Treue gegenüber seinem Herrn; Denn als der Neffe des Marchese Herdegen überfallen hatte , hatte er dem jungen Adligen unter Lebensgefahr das Schwert aus der Hand gerissen und sich danach bescheiden zu dieser mutigen Tat geäußert. Es war in der Tat schwer, die Ankunft dieses Briefes nicht einmal durch einen Blick zu verraten; doch habe ich es verborgen; Doch als kurz darauf ein weiterer Brief eintraf, waren alle Sorgfalt und Geheimhaltung umsonst.

Oh! dieser schreckliche Brief. Ich konnte die Sache nicht verbergen; aber ich ließ die Hochzeit ihrer Mutter verstreichen, bevor ich Ann gestand, was mein Bruder mir geschrieben hatte.

Dieser grausame Brief liegt jetzt vor mir. Es ist länger als alles, was er mir bisher geschrieben hat, und ich werde es hier fair schreiben, denn tatsächlich konnte und wollte ich die Schrift nicht kopieren, so wild und rücksichtslos sie auch ist.

„Alles muss ein Ende haben, Margery, zwischen Ann und mir" – und diese ersten Worte trafen mich wie ein Peitschenhieb. „So. Es steht geschrieben, und jetzt weißt du es. Ich war ihrer nie würdig, denn ich habe die Liebe meines Herzens für Geld verkauft, wie Judas den Herrn verkauft hat."

„Nicht, dass meine Liebe oder meine Sehnsucht tot wären. Selbst während ich schreibe, fühle ich mich zu ihr hingezogen; tausend Stimmen rufen mir zu, dass es nur eine Ann gibt, und als vor ein paar Wochen der junge Sieur de Blonay den Mut wagte, zu prahlen Von seiner Dame und ihrem Rosenrot, das über allen anderen Damen und Farben stand, zwang ihn mein Schwert, dem Blau den Ehrenplatz zu überlassen – um dessentwillen Sie wohl wissen.

„Und dennoch muss ich sie aufgeben. Obwohl ich vor der Versuchung floh, verfolgte sie mich, und als sie mich überfiel, wurde ich nach einem kurzen Kampf niedergeschlagen. Das Verlangen nach den Freuden der Welt, die sie mir beibringen wollte Verachtung ist stark in mir. Ich wurde zur Sünde geboren, und jetzt, wie die Dinge stehen, müssen sie bleiben. Ein Unhold wie ich, der wie ein wilder Falke durchs Leben schießt, kann weder innehalten noch nachdenken, bis ihm ein Pfeil die Flügel gebrochen hat. Das bittere Schicksal, das mich von Ann trennen muss, hat mich so getroffen, und jetzt kann ich nur noch zurück und in meine eigene Seele blicken; und je schöner, süßer, je erhabener die ist, die ich verloren habe, desto dunkler und abscheulicher kommt es mir vor , ist alles, was ich in mir selbst entdecke.

„Dennoch, oder wenn ich jemals alles hinter mir lassen werde, was rein und edel, gerecht und wahrhaft glückselig war, halte ich den Spiegel vor meinem eigenen sündigen Angesicht und werde mich dazu bringen, dir, meine Margery, das abscheuliche Antlitz zu zeigen, das ich sehe." darin.

„Ich werde mich mit nichts bedecken oder verschonen; und doch glaube ich in dieser Stunde, in der ich nüchtern und zu Hause bin, nachdem ich meine Kameraden in dieser Nacht rechtzeitig verlassen habe, wirklich, dass ich es gut hätte machen können und nicht schlecht, und was auch immer." Es war erfreulich in den Augen Gottes und in den Augen meiner Margery und in den Augen von Ann und allen rechtschaffenen Menschen, wenn nur eine andere Hand die Steuerung meines Lebens gehabt hätte.

„Margery, wir sind Waisen; und es gibt nichts, was ein Mann in den Jahren, in denen er noch unreif und unsicher ist, so sehr braucht, als einen Meister, den er in Angst oder in Liebe verehren muss. Und wir – ich – Margery, Was war mein Großonkel für mich?

„Sie und ich sind wiederum von gleichem Blut und so alt, dass, auch wenn der eine dem anderen Rat geben mag, kaum zu hoffen ist, dass ich Ihr oder Ihr Urteil ohne Kritik annehmen würde.

„Dann Cousine Maud! Bei aller Mutterliebe, die sie uns je entgegengebracht hat, war alles, was ich getan habe, in ihren Augen richtig; und hierin liegt zweifellos der Unterschied zwischen einer wahren Mutter, die uns unter Mühen auf die Welt gebracht hat, und einer liebevollen Pflege-" Mutter, die fürchtet, durch Härte unser Herz von ihr abzuwenden; aber die wahre Mutter bestraft ihre Kinder so, wie sie es für gut hält, insofern sie sich ihrer Liebe sicher ist. Die Liebe meiner Cousine war zwar groß, aber ihre Strenge mir gegenüber war zu gering Als ich auf die High School ging, sorgte sie aus reiner Liebe dafür, dass meine Handtasche gefüllt war; als ich älter wurde, tat unser Onkel das Gleiche, wenn auch aus anderen Gründen; und jetzt, wo ich Ann erneut verweigert habe, um sein Vergnügen zu tun, habe ich Ich verabscheue mich selbst. Nein, mehr und mehr, seit ich zu einem solchen Vermögen erhoben bin, um das Tausende mich beneiden könnten; insofern mein Großonkel beabsichtigt, mich kraft Gesetzes zu seinem Erben zu machen. Gestern Abend, als ich mit großen Gewinnen aus dem Spielen in meinem Haus nach Hause kam Tasche, ich war kurz davor, den Nöten dieses Lebens ein Ende zu setzen....

„Aber fürchte dich nicht, Margery. Ein leichtes Herz wird bald wieder an die Spitze bringen, was Ruth in dieser Stunde in die Tiefe trägt. Was nützt das Warten? Bin ich dann der erste Junker, der mit einer Süßigkeit geschlafen hat? Magd von niedriger Herkunft, nur um sie für eine neue Damenliebe zu vergessen?

„Es ist beruhigend zu sagen, Margery, meine Beichtvaterin, der ich – wenn auch mit bitterem Schmerz – jede Falte meines Herzens öffne – ja, Margery, wenn Anns Wiege mit einem Wappen geschmückt worden wäre, wären die Dinge anders. Aber zu Rufen Sie einen Kupferschmied, den Schwiegervater, und das kleine Henneleinlein, Madame Tante! In der Kirche, um von den alten Sitzen der Schoppers allen einfachen Leuten als meinen nächsten Verwandten zuzunicken , um den Lautenspieler unter meinem eigenen Volk zu treffen, Den Knaben und Mägden ihre Musik beizubringen und ihn als lieben Großvater zu begrüßen, meine Brüder und Schwägerinnen in den Büros oder Werkstätten beschäftigt zu sehen – all das, sage ich, ist bitter im Geschmack; und noch mehr wenn der Versucher auf der anderen Seite dem protzigen jungen Herrn die Freuden zeigt, die seinem höfischen Geist am liebsten sind. Und mit welcher Beredsamkeit und Fröhlichkeit hat Pater Ignatius mir das alles hier in Paris vor Augen geführt, zweifellos mit ehrlicher Absicht; und er hat zu ihm gesprochen Mein Herz nüchtern und zur Erbauung, indem ich alles darlege, was die Gebote des Herrn und meiner alten und edlen Familie von mir verlangten.

„Viel weniger als all das hätte einen so schwachen Kerl wie mich überwältigt. Ich versprach Pater Ignatius, Ann aufzugeben und mich bei meiner Heimkehr in allen Dingen meinem Onkel zu unterwerfen und mit ihm darüber zu vereinbaren, was Jeder sollte nachgeben und dem anderen entsagen – als ginge es um den Handel mit Gewürzen aus der Levante oder Seidentüchern aus Florenz; und daraufhin gab mir der heilige Mönch seinen Segen, als ob meine Erlösung von nun an in dieser Welt sicher wäre und der nächste.

„Ich ritt mit ihm bis zum Tor, fest im Glauben, dass ich die Gewinnzahl im Spiel des Lebens geworfen hatte; doch kaum hatte ich mein Pferd auf den Heimweg gebracht, da wurde mir klar, dass ich all meinen Frieden und meine ganze Freude von mir geworfen hatte Seele.

„Es ist vollbracht. Ich habe Ann verleugnet – sie für immer aufgegeben – und obwohl sie es eines Tages hören muss, sei es sofort erledigt. Du, meine arme Margery, ich mache mich zu meinem Boten. Ich habe in Wahrheit versucht zu schreiben zu Ann, aber es ging nicht. Eines müssen Sie sagen, und das ist, dass ich sie nie vergessen habe, selbst als ich am meisten gegen sie gesündigt habe; nein, dass die Erinnerung an jene glückliche Zeit, als sie gerne vorbeikam Sie selbst, meine Laura, veranlasste mich, nach Treviso zu reiten, wo in der Kapelle der Franziskanerbrüder ein Kopf der wahren Laura zu sehen ist, der von der Limnerin Simone di Martino, der Freundin von Petrarca , geschaffen wurde , ein wahrhaft würdiges Kunstwerk . Mir schien, sie zog mich mit Stimme und Winken zu sich. Und doch, und doch – wehe, wehe mir!

„Meine Feder hat lange geruht, mir kam es vor , als hätte ich zuerst Petrarcas Dame mit ihren blonden Zöpfen gesehen, und dann Ann mit ihrem schwarzen Haar, das in so glänzenden, sanften Wellen glänzte und so edel auf der schneeweißen Stirn lag. Sie.“ Augen und Miene sind wahrlich die von Laura, beide gleichermaßen rein und erhaben. Aber hier fließt mein ganzes Herz über; es kann nicht vergessen, wie weit Ann Laura an der Anmut einer süßen Frau übertrifft.

„Der Tag bricht an und ich kann nur in den Morgen seufzen: ‚Verloren, verloren!
Ich habe die Schönsten und Besten verloren!‘

„Dann saß ich lange in Gedanken versunken und blickte aus dem Fenster über die kahlen Baumwipfel im Garten auf den grauen Nebel, der scheint, als würde er erst am Ende der Welt enden. Er tropft von den blattlosen Zweigen, und meine Augen – ich brauche es nicht zu verbergen – werden nicht trocken gehalten. Es ist, als ob die Blätter des Baumes meines Lebens alle auf die Erde gefallen wären – nein, als hätte meine eigene schuldige Hand sie vom Stamm gerissen. "

„Ich bin erst jetzt aus einer wirklich fröhlichen Gesellschaft nach Hause gekommen! Es ist wahrlich eine barmherzige Art, die die Nacht zum Tag macht. Ja, Margery, für jemanden, dessen erster Wunsch es ist, viele Dinge zu vergessen, ist dieses Paris ein Ort der Freude.“ Ich habe viel Wein getrunken, aber ich würde jeden Mann als Bösewicht bezeichnen, der sagen würde, dass ich betrunken bin. Kann ich nicht so gut schreiben wie jeder andere – und das weiß ich, dass es nicht billig war, wenn ich mich selbst verkaufte . Es hat mich meine Liebe gekostet, und obwohl es großartig war, ist es großartig, die Lücke zu füllen. Darum sage ich: „Bringt alles hierher, was Freude macht, Wein und Liebe, Fackeln und die ausgelassene Dame in Samt und Seide, Würfel und Spiele.“ , und tolle Fahrten, das frische Grünholz und blutige Kämpfe!' Ist das nichts? Ist es überhaupt eine triviale Sache?

„Wie sollen wir am Ende die Frage beantworten, wer das bessere Los ist: himmlische Liebe, die auf weißen Schwanenflügeln weit über allem schwebt, was gewöhnlicher Staub ist, wie Ann es zu besingen pflegte, oder irdisch.“ Freuden, kühn und frei, die wir nur mit beiden Beinen auf dem Erdboden erfahren können?

„Ich habe eine Wahl getroffen und kann niemals umkehren. Ein langes Leben für jedes Vergnügen, nennen Sie es, wie Sie wollen! Sie haben einen fröhlichen, reichen und großartigen Bruder, die kleine Margery, und wenn auch der einfache Junge von früher, der sich dafür entschieden hat Meine Frau, die Tochter eines armen Angestellten, mag dir lieber gewesen sein – so wie er mir am Herzen lag –, aber liebe ihn immer noch! Seiner Liebe bist du dir immer sicher; gedenke seiner in deinen Gebeten; und was das betrifft, musst du sagen Sag es Ann so, dass sie es sich nicht zu sehr zu Herzen nimmt. Zeige ihr, wie unwürdig dieser deiner Bruder ist, auch wenn du in deinem tiefsten Innern weißt, dass mein Schutzheiliger es nie getan hat und auch nie haben wird , irgendein anderes Gesicht als ihres.

„Jetzt werde ich mich beeilen, diesen Brief zu versiegeln und Eppelein zu wecken , damit er ihn dem Postreiter geben kann. Ich bin es leid, viele Blätter Papier zu zerreißen, aber wenn ich in aller Nüchternheit durchlesen würde, hätte ich halb betrunken geschrieben.“ „Dieser Brief würde mit Sicherheit den gleichen Weg gehen wie viele andere, die ich an Dich und an meine geliebte, treue, einzige Liebe, meine verlorene Ann, geschrieben habe.“

KAPITEL XIV.

Meister Pernhart wurde am Dienstag nach Palmsonntag geheiratet. Ann pflegte früh am Mittwochmorgen zu uns nach Hause zu kommen, und es war immer ein fröhliches Treffen, dem wir den Namen „italienische Spinnstunde“ gaben, weil eine von uns ihr Rad drehte und das Garn herauszog , während der andere aus den Werken der großen italienischen Dichter vorlas.

Ann ließ es auch nicht versäumen, an diesem Mittwoch nach der Hochzeit zu erscheinen; aber ich hatte Herdegens Brief in die Brust meines Mieders gesteckt und erwartete sie mit zitterndem Herzen.

Ihr Geist war schwer; Ich konnte in ihren Augen sehen, dass sie Tränen vergossen hatten, und bei meiner ersten Frage füllten sie sich wieder. Hätte sie ihre Mutter heute Morgen nicht vor Glück strahlen sehen und sich dann nicht mit neuen Kummer an den Vater erinnert, den sie vor knapp einem Jahr verloren hatte und dessen Bild von der Frau, die er so sehr geliebt hatte, aus dem Gedächtnis verschwunden zu sein schien? .

Als ich ihr sagte, dass ich ihren Kummer sehr gut verstehe, dass ich ihr aber eine andere Angelegenheit vorzulegen hätte, die ihr noch grausameren Kummer bereiten könnte, wusste sie, dass es Herdegen genauso rührend sein musste ; und während ich sie, bevor ich sprach, nur an mich drücken und kein einziges Wort hervorbringen konnte, stieß sie mich von sich und rief: „ Herdegen ? Sprich! Etwas Böses ist über ihn gekommen! Margery – barmherzige Jungfrau! Wie du schluchzt. “ ! – Tot – ist er tot?“

Als sie diese Worte sagte, wurden ihre Wangen blass und als ich den Kopf schüttelte, ergriff sie meine Hand und fragte traurig: „Schlimmer? Dann hat er erneut den Glauben gebrochen?“

vor, als könnte ich nie wieder sprechen; und doch konnte ich nicht schweigen, und die Worte brachen aus meinem berstenden Herzen: „Ah, schlimmer und viel schlimmer; seltsamer, schrecklicher! Ich habe es hier, in seiner Hand. – Von nun an – mein Onkel, sein reiches Erbe … . Alles ist vorbei, Ann, zwischen ihm und dir. Und ich – oh, dass er es mir überlassen hätte, es zu erzählen!“

Sie stand wie angewurzelt vor mir und es dauerte einige Zeit, bis sie ein Wort fand. Dann sagte sie mit dumpfer Stimme: „Wo ist der Brief?“

Ich riss ihn aus dem Busen meines Kleides und wollte ihn gerade zerreißen, als ich zum Kamin ging, aber sie stellte sich mir in den Weg, riss mir den Brief gewaltsam weg und rief: „Wenn dann alles zu Ende ist, ich wird jedenfalls Klarheit darüber haben. Kein falscher Trost, keine Verschleierung der Wahrheit!"

Und sie bemühte sich, mir Herdegens Brief zu entreißen. Aber meine Kraft war größer als ihre, tatsächlich groß für eine Magd; Doch mein Herz sagte mir, dass mein Wille in ihrem Fall derselbe gewesen wäre, also leistete ich keinen Widerstand mehr, sondern gab den Brief ab. Dann und dort las sie es; und obwohl sie blass wie der Tod war und ich bemerkte, wie ihre Lippen und jeder Nerv in ihrem Körper zitterten, waren ihre Augen trocken, und als sie schließlich den Brief zusammenfaltete und ihn mir hinhielt, sagte sie mit leichtem Spott, der – zu das Herz: „Das ist es also, worauf es ankommt! Er hat seine Liebe und seine Liebste verkauft! Nur ihr Gesicht, so scheint es, steht nicht auf dem Spiel, weil er es behält, um seiner Heiligen ihre Heiligkeit zu rauben! Nun ja , er ist frei, und die wilden Freuden des Lebens in jeder Form sollen die Liebe ausgleichen; und doch – und doch, Margery, bete, dass er nicht elend enden möge!"

Sanftes Mitleid hatte in diesen letzten Worten geklungen, und ich nahm ihre Hand und flehte sie ernstlich an: „Und du, Ann. Bete mit mir." Aber sie schüttelte den Kopf und antwortete: „Nein, Margery; zwischen ihm und mir ist alles zu Ende, sogar Gedanken und Sehnsüchte. Ich kenne ihn nicht mehr – und jetzt lass mich gehen." Damit zog sie ihren kleinen Umhang an und war bereits an der Tür, als Cousine Maud mit ein paar Süßigkeiten hereinkam, wie sie es immer zu tun pflegte, wenn wir so saßen und drehten; Und sobald sie das, was sie trug, abgelegt hatte, öffnete sie der verstoßenen Magd ihre Arme, um sie an ihre Brust zu drücken und sie mit guten Worten zu trösten; aber Ann nahm nur ihre Hand, drückte sie an ihre Lippen und verschwand die Treppe hinunter.

Beim Abendessen an diesem Morgen wären die Gerichte genauso voll gewesen, wie sie hereingebracht wurden, wenn Meister Peter nicht sein Bestes getan hätte, um dies zu verhindern; und sobald das Essen vorüber war , konnte ich mich im Haus nicht mehr ertragen, sondern ging direkt zu den Pernharts .

Dort schien die Luft wärmer und leichter zu sein, und Herrin Giovanna hieß mich mit großer Freude in ihrem neuen Zuhause willkommen; aber sie erlaubte mir nicht, in Anns Zimmer zu gehen, denn sie hatte schreckliche Kopfschmerzen und hatte darum gebetet, niemanden zu sehen, nicht einmal mich. Dennoch fühlte ich mich stark zu ihr hingezogen, und da die frischgebackene Frau wusste, dass sie und ich eins waren, verbot sie mir nicht, nach oben zu gehen, wo Pernhart das Zimmer der verstorbenen Gertrude für Ann sauber und frisch gemacht hatte. Während ich nun wusste, dass ihr jedes Geräusch Schmerzen bereitete, wenn ihr der Kopf schmerzte, stieg ich vorsichtig die Stufen hinauf und öffnete leise die Tür, ohne zu klopfen. Außerdem wusste sie nichts von meinem Kommen. Am liebsten wäre ich ungesehen davongeschlichen; Oder noch besser: Ich wäre neben ihr auf die Knie gefallen und hätte sie um Vergebung für das bittere Unrecht gebeten, das mein Bruder ihr angetan hatte. Sie lag auf dem Bett, ihr Gesicht war in den Kissen verborgen, und ihr schlanker Körper zitterte wie bei einem Fieberanfall, während sie leise, aber bitterlich schluchzte. Sie bemerkte meine Anwesenheit dort auch nicht, bis ich neben dem Bett auf die Knie fiel und meine Arme um sie schlang. Dann erhob sie sich plötzlich von den Kissen, strich sich mit der Hand über die feuchten Augen und bat mich, sie zu verlassen. Doch ich tat nicht, was sie mir befahl; Und als sie sah, wie sehr ich mir ihre Trauer zu Herzen nahm, erhob sie sich von ihrem Lager, auf dem sie in all ihren Kleidern gelegen hatte, und betete nur, dass dies das letzte Mal sein möge, dass ich jemals mit ihr über Herdegen sprechen würde .

Dann führte sie mich zu ihrem Tisch und zeigte mir die Dinge, die sie darauf ausgelegt hatte; arme kleine Geschenke, die mein Bruder ihr mitgebracht hatte; alle, außer nur der Petrarca mit den Namen in Gold: Anna-Laura. Und sie wünschte, ich würde sie alle nehmen und zu gegebener Zeit nach Herdegen zurückschicken .

Als ich traurig nickte, musste sie an meinem Gesicht gesehen haben, dass mir die kleinen Bände fehlten, und bevor ich es merkte, hatte sie sie aus ihrer Truhe genommen und zu den anderen hineingeworfen.

Dann rief sie mit veränderter Stimme: „Das auch – Ach nein, das nicht! Es ist das beste Geschenk, das er mir je gemacht hat, und er war damals so gut und freundlich – Du weißt es nicht, du weißt es nicht! – Wie . “ Ich sehne mich danach, die Bücher zu behalten! Aber weg, weg mit ihnen!“

Dann steckte sie alles in ein seidenes Tuch, verschnürte es fest, drückte mir das Bündel in die Hand und bat mich, nach Hause zu gehen.

Ich ging mit krankem Herzen nach Hause, mit dem Bündel in meiner kalten Hand, und als die Tür von Akusch geöffnet wurde , der, der arme Kerl, unsere bitteren Winter aber krank ertragen musste, hörte ich von oben lautes und fröhliches Gelächter und Freude ; und ich erkannte es an der Stimme von Cousine Maud, die von purer Heiterkeit überwältigt zu sein schien. Mein Zorn flammte auf, denn dieser Tag in unserem Haus war mit Sicherheit der letzte, an dem solche Fröhlichkeit angebracht war.

Meine Wangen waren vom Schneesturm gerötet, doch die Wut machte sie noch heißer, als ich die Treppe hinaufeilte. Aber bevor ich ein einziges Wort sagen konnte, rief Cousine Maud, bei der der Magister und der alte Pirkheimer das Ratsmitglied waren, sobald sie mich sah: „Stellen Sie sich nur vor, Margery, welche seltenen Neuigkeiten uns seine Exzellenz gebracht hat.“ Und sie erzählte mir mit großer Freude weiter, während seine Verehrung ab und zu Fakten hinzufügte, dass der Magister seit gestern ein reicher Mann geworden sei, da seine Patin, die alte Dame Oelhaf , gestorben sei und ihm keinen geringen Reichtum hinterlassen habe.

Das war wirklich wunderbar und erfreulich, das zu hören, denn viele hatten sich die Verstorbene für eine bedürftige Frau gehalten, die das Geschäft, das ihr ihr Mann hinterlassen hatte, weitergeführt hatte, obwohl sie keinen anderen Dienst hatte als den eines schlecht bezahlten Ladenjungen, der so ähnlich war eines der mageren Ohren aus Pharaos Traum und darüber hinaus auf einem Auge blind. Dennoch erinnerte ich mich noch gut daran, dass ihr kleiner Laden, der nicht größer als ein ziemlich großer Schrank war, jemals mit Käufern gefüllt gewesen war, als wir uns gegen alle Befehle eingeschlichen hatten, um ein paar getrocknete Feigen zu kaufen. Ich sehe jetzt die kleine verkrüppelte Herrin, wie sie durch den Laden oder die Straße hinkte und die Jungs ihr hinterher riefen: „Hip Hop! Lahme Ente!" und ganz Nürnberg kannte sie besser unter dem Spitznamen „Lahme Ente" als unter dem ihres Mannes.

Dass die arme kleine Frau dieses Leben verlassen hatte, hatten wir alle gestern gehört; Aber selbst der Magister war fest davon überzeugt, dass ihre Hinterlassenschaften den mühsamen Spaziergang zum Rathaus kaum wert sein würden. Doch nun teilte ihm der gelehrte Anwalt mit, dass sie ihm durch ihr gesetzlich erstelltes und beglaubigtes Testament alles überlassen habe, was sie als das einzige Kind hinterlassen habe, das sie jemals für würdig erachtet hatte, es am Taufbecken zu halten.

Als dann in ihrer kleinen Wohnung eine ordnungsgemäße Untersuchung durchgeführt wurde, fand man im Stroh ihres Bettes und in anderen Verstecken eine ganze Menge abgetragener Strümpfe und darin statt ihrer mageren Beinchen manchen Gulden und ungarischen Dukaten aus gutem Gold . Darüber hinaus besaß sie ein Haus in Nördlingen und eine Mühle in Schwabach , und so war das Erbe, das Magister Peter erhalten hatte, insgesamt keine Kleinigkeit.

Der einfache Mann hatte nie auf ein solches Glück gehofft, und es war in der Tat lächerlich zu sehen, wie er seine Würde vergaß und erst auf einen, dann auf den anderen Fuß sprang und schrie: „Nein, nein! Das kann nicht wahr sein! Dann der arme Irus ." Krösus ist reich geworden!"

Und so machte er weiter, bis er uns bei Meister Perkheimer zurückließ . Dann lachte ich mit meiner Cousine; und als ich wieder allein war, staunte ich über die Gnade einer gütigen Vorsehung, durch deren Herrschaft uns eine kleine Freude unsere schweren Kummer vergessen lässt, auch wenn es nur für einen Moment war.

Natürlich musste ich nachts mit neuem Kummer an das denken, was über uns gekommen war; aber dann, am nächsten Morgen, sah ich den Magister wieder und hätte mich gern über seine Freude gefreut; Aber siehe da, er war jetzt still und stumpfsinnig, und als er sich zum ersten Mal öffnete, führte er ihn zur Seite und sagte ganz demütig und mit gesenktem Blick: „Denken Sie nichts Schlimmes von mir, Herrin Margery, in jenem Gestern war meine Freude an irdischen Besitztümern viel zu Ende." für meinen Verstand; glauben Sie mir, es war nicht der Glanz des Mammons, sondern weit andere Dinge, die mein Gehirn veränderten. Und er gestand mir, dass er Ann immer in seinem Herzen getragen hatte, selbst als sie noch ein junges Mädchen in der Schule war, und dass er es sich zum Ziel seines Lebens gemacht hatte, sie zu gewinnen. Zu diesem Zweck und obwohl er ohne Lebensunterhalt nicht hoffen konnte, hatte er jeden Penny ausgegeben, den er durch Unterrichten in unserem Haus und im Lateinunterricht verdient hatte, und auf den Kauf mancher schöner und gelehrter Bücher verzichtet sogar einen Krug Wein, den er in Gesellschaft seiner Kameraden trinken kann. So hatte er eine beträchtliche Summe Geld gespart; ja, er hatte geglaubt, sein hohes Ziel erreicht zu haben, als er an jenem Weihnachtsabend vor Herdegens Abreise entdeckte, dass der Junker ihm sein einziges Mutterschaf geraubt hatte. Ihm blieb nichts anderes übrig, als zu schweigen, wenn auch in bitterer Trauer, bis der Himmel ihn in den letzten Tagen mit seiner Gnade überhäufte. Der mächtige Junker – denn so kam es, dass er immer von meinem älteren Bruder sprach und dachte – schien das Lamm freigelassen zu haben, und er selbst befand sich nun in einem Lebenszustand, in dem er sich durchaus um die Hauswirtschaft kümmern konnte. Dann flehte er mich in aller Demut an, bei der Dame seiner Wahl ein Wort für ihn zu sprechen, und ich brachte es nicht übers Herz, seinen liebevollen und treuen Hoffnungen sofort den Todesstoß zu versetzen, auch wenn ich es mit Sicherheit sehr wünschte dass sie alle umsonst waren. Daher bitte ich ihn, wenigstens bis Weihnachten Geduld zu haben, indem er Ann Zeit gäbe, die Erinnerung an Herdegen beiseite zu legen ; und er stimmte mit schlichter Freundlichkeit zu, obwohl er sich in diesen späten Jahren sehr zum Besseren verändert hatte und sich unter den gelehrten Männern unserer Stadt eines großen Ansehens rühmen konnte; und so wurde er, obwohl er kein wohlhabender Mann war und trotz seiner reifen Jahre, von vielen Müttern von Töchtern als Schwiegersohn willkommen geheißen.

So hielt sich der Magister, der so lange gewartet hatte, noch eine Weile zurück. Eine Woche folgte der anderen, der dritte Sonntag im Advent verging und die heilige Flut war nahe, als die Verzögerung enden sollte, die der geduldige Verehrer zugelassen hatte.

Ich hatte Ann seltener gesehen als früher. Im großen Haushalt des Kupferschmieds hatte sie gewöhnlich alle Hände voll zu tun, und ich hatte tatsächlich das Gefühl, dass sich ihr Gesicht mir gegenüber verändert hatte. Eine Art Angst, die ich früher nicht an ihr bemerkt hatte, war in letzter Zeit über sie gekommen; Mir schien, sie lebte ständig in Angst vor einer neuen Beleidigung und Verletzung; Außerdem hatte sie sich höflich, aber standhaft geweigert, an den Feierlichkeiten teilzunehmen, zu denen Elsa Ebner oder andere aus der Oberschicht sie eingeladen hatten, und sogar Onkel Christians Einladung zu einem Tanz, der noch heute stattfinden sollte, ablehnte, da er sein Name war – Tag, in seiner Unterkunft im Schloss. Ich war ebenfalls eingeladen und hatte die Freundlichkeit meines Paten angenommen; aber mein schüchterner Versuch, Ann dazu zu bewegen, seinen Willen als ihre beste und liebste alte Freundin zu tun, brachte die traurige Antwort hervor, dass ich selbst beurteilen muss, wie wenig sie für solche Vergnügungen geeignet war. Meine Freundschaft mit ihr, die einst meine höchste Freude gewesen war, hatte dadurch all ihre Unbeschwertheit verloren, obwohl sie nicht alle ihre Freuden verloren hatte, und sie war mir deshalb auch nicht weniger lieb, obwohl ich sie jetzt wie eine Geliebte behandelte Kind, an dessen Leid wir nicht ganz unschuldig sind.

Nun geschah es, dass ich sie an diesem Tag, dem 20. Dezember, dem Namenstag meines Paten, nicht bei den anderen, sondern in ihrer eigenen Kammer in heftiger Not vorfand. Ihre Wangen brannten und sie war so aufgewühlt, als wäre sie einer schrecklichen Verfolgung entkommen. Daraufhin befragte ich sie in Eile und Angst, und sie antwortete mir zurückhaltend, bis sie plötzlich schrie:

„Es bringt mich um! Ich werde es nicht mehr ertragen!“ und verbarg ihr Gesicht in ihren Händen, ich nahm sie in meine Arme und um sie zu beruhigen, lobte ich ihren Stiefvater, Meister Pernhart , und seinen hohen Geist und sein gutes Herz; dann schluchzte sie laut und sagte: „Oh, im Übrigen! Wenn das alles wäre!“

Und plötzlich, oder es war mir überhaupt bewusst, hatte sie ihre Arme um mich gelegt und meine Lippen und Wangen mit großer Wärme geküsst. Dann schrie sie: „Oh, Margery! Du kannst dich nicht von mir abwenden! Ich habe tatsächlich versucht, mich von dir abzuwenden; und ich hätte es tun können, selbst wenn es mich mein Herzblut gekostet hätte! Aber jetzt und hier frage ich dich: Ist.“ Soll ich mich nur auf die Folterbank legen, weil er mich so grausam verletzt hat? Nein, nein. Und ich brauche deine wahre Seele, die mir hilft, die Last abzuschütteln, die mich zu Boden drückt und erstickt. Hilf mir dabei ertrage es, sonst werde ich ein schlimmes Ende erleiden – ich werde ihr folgen, die hier in dieser Kammer gestorben ist.

Meine Seele war ihr immer offen gestanden, und das sagte ich ihr ganz herzlich, und ihr Gesicht wurde wieder so, wie es früher gewesen war; und obwohl die Dinge, die sie mir zu sagen hatte, nicht gerade tröstlich waren, konnte ich ihr doch ganz ehrlich raten, guten Herzens zu sein; und ich hatte sofort das Gefühl, dass es ihr genauso gut tat wie ein Bad, sich von allem zu befreien, was in den letzten Wochen auf ihr lastete. Denn es tat ihr immer noch weh, zu sehen, wie ihre Mutter wie eine Taube um ihren neuen Gefährten gurrte. Sie selbst war voll seines Lobes, obgleich dieser wohlerzogene und zu guten Manieren erzogene Mann sich immer an die alten Bräuche der alten Handwerker halten würde, und auch seine ehrwürdige Mutter hielt daran fest, so dass sich seine Frau darum bemüht hatte vergeblich, die Sitten des Hauses zu ändern. So aßen Herr und Frau, Sohn und Tochter, Vorarbeiter und Lehrling, Näher und Magd, wie immer, an einem Tisch. Und während die Töchter nach altem Brauch geordnet auf der Seite der Mutter saßen, die Jüngste neben ihr und die Älteste am Ende, kam es so, dass Ann neben den Vorarbeiter gesetzt wurde, der genau derjenige war, der Götz verraten hatte Waldstromer zu seinem Herrn, weil er selbst ein Auge auf Gertrude geworfen hatte. Der junge Bursche hatte schon bald sein leichtes Herz auf Ann gerichtet; und da er ein feiner Junge und der einzige Sohn eines wohlhabenden Herrn in Augsburg war, war er auch ein berühmter Werber und Brecher der Mädchenherzen und konnte sich vieler triumphaler Liebesbeziehungen unter den Töchtern der einfacheren Klasse rühmen. Er war, wie solche Leute sagen, in seinem Stand ein Edelmann; und ich erinnerte mich noch gut daran, ihn bei einem Lehrlingstanz bei den Maifesten gesehen zu haben, wohin er in einem rosafarbenen Wams und hellen Hosen gekommen war, geschmückt mit Blumen und Grün an seiner Mütze und seinem Gürtel ; Er hatte mit den Töchtern des Meisters seiner Zunft wie ein Narr gespielt und sie zum Tanzen herumgewirbelt, als würde er ihnen große Ehre erweisen, indem er ihnen den Hof machte. Es hätte ihm sicherlich eine Lektion erteilen können, wenn er herausgefunden hätte, dass die schöne Tochter seines Herrn seine Klage verachtete; Doch das ging nicht tief, denn es geschah um eines Junkers von hohem Rang willen. Bei Ann könnte er auf mehr Glück hoffen; Denn obwohl sie ihm von Anfang an zu verstehen gegeben hatte, dass er ihr nicht gefalle, ließ er sie dennoch nicht in Ruhe, und als er sie heute Morgen allein in der Halle antraf, hatte er es gewagt, ihre Hand auszustrecken, um sie zu umarmen ihr. Obwohl sie ihn sofort in die Schranken gewiesen hatte, schien es, als gäbe es zum Schutz vor seinen Annäherungsversuchen kein anderes Mittel als eine Beschwerde bei seinem Herrn, die den Frieden im Haus stören würde. Sie war in der Tat in der Lage, auf sich selbst aufzupassen und jede unziemliche Kühnheit von seiner Seite abzuwehren; aber sie spürte, wie ihre edle Reinheit durch den Kontakt mit dem Makel des Alltäglichen befleckt wurde, dessen sie sich im Verhalten dieses jungen Mannes und in vielen anderen täglichen Erfahrungen bewusst war.

Jede Mahlzeit, neben der großen Schüssel, in die der Lehrling seinen Löffel tauchte, war für sie eine Qual; Und als die alte Mutter des Meisters dies bemerkte und auch bemerkte, wie unbehaglich sie sich ihrem neuen Platz und ihrer neuen Rolle im Leben unterwarf, als sie auch Anns tränenüberströmte Augen und trauriges Gesicht sah, kam ihr klar, dass dies alles eine Vernunft war, die Anns Stolz kaum beugen konnte das Leben in einer Handwerkerwohnung ertragen. Und ihr Herz wandte sich von der Stieftochter ihres Sohnes ab, die sie zunächst recht freundlich aufgenommen hatte; sie übersah sie in der Regel, oder wenn sie mit ihr sprach, dann in rauem und unhöflichem Ton. Dies schmerzte sie umso mehr, als Ann den Zweck erkannte, als sie deutlicher erkannte, dass die neue Großmutter eine warmherzige, würdige und aufrichtige Frau war, von deren Lippen viele weise Worte kamen, obwohl sie genauso freundlich war gegenüber den jüngeren Kindern, als wären es ihre eigenen Enkel. Nein, man brauchte sie nur anzusehen, um zu erkennen, dass sie aus gesundem Stoff bestand und Kopf und Herz am rechten Fleck hatte.

Wenige Stunden, seit Ann ihrem Beichtvater, dem ehrwürdigen Pfründner von Hellfeld , ihr Herz geöffnet hatte ; und er hatte ihr geraten, den Schleier zu tragen und als Braut Christi in einem Kloster himmlische Glückseligkeit zu erlangen. Und während sie sich nur nach Frieden sehnte und nach einem Zufluchtsort vor der Welt, in der sie so viel gelitten hatte, und Cousine Maud und ich es ebenfalls für den besseren Weg für sie hielten, wäre sie diesem guten Rat gerne gefolgt, wenn nicht ihr verstorbener lieber Vater gewesen wäre hatte dem Leben im Kloster schon immer eine starke Abneigung entgegengebracht. Selbstsucht, würde er sagen, ist die Wurzel allen Übels, und wer dieser Welt und ihren Pflichten fremd wird, muss in einem Kloster sein Glück suchen – insofern die Glückseligkeit, nach der Mönche und Nonnen streben, nichts anderes ist als eine Die höhere Form des Glücks, die über das Grab hinaus bis ans Ende aller Dinge reicht, mag tatsächlich das höchste Ziel verfolgen und ist doch selbstsüchtig, wenn auch von höchster und edler Art. Außerdem hatte er wenige Tage vor seinem Tod Ann, in der er schon lange die wahre Lehrerin seiner jüngeren Kinder erkannt hatte, ermahnt, sie vor allem vor Selbstsucht zu warnen, da die Hand des Todes bereits gekommen sei Bei ihm fand er seinen größten Trost in der Gewissheit, dass er treu und im Vertrauen auf die Gnade seines Erlösers alles getan hatte, was in ihm lag, für seine eigenen Verwandten und Verwandten und für die Waisenkinder anderer Leute, ob reich oder arm.

Diese Rede war tief in Anns Seele eingedrungen und hatte sie im Kopf gehabt, als sie so mutige Worte zu Herdegen sprach und ihn zu höheren Zielen ermahnte. Als sie nun wieder aus der Tür des guten Priesters trat, traf sie ihren Großonkel, den Organisten, und fragte ihn, was er sagen würde, wenn eine unglückliche und verlassene Magd den Frieden suchen sollte, den sie in der Stille des Klosters verloren hatte Der einfache Mann sah ihr tief in die Augen und murmelte traurig vor sich hin: „Alack! Und ist es so weit gekommen!“ Dann trat er dicht an sie heran, hob ihren gesenkten Kopf und rief mit jubelnder Stimme:

der Schwestern gelernt hast, eine so gute Mutter zu sein ? Kein Kind, und immer wieder sage ich Nein. Höre lieber auf den Spruch, den du sagst.“ Der alte Großonkel hörte es einmal aus dem Munde eines weisen und guten Mannes, als er in der schlimmsten Stunde seines Lebens an die Pforte eines Zisterzienserklosters klopfen wollte. – Seine Worte waren: „Obwohl du alles verlierst, was du meinst .“ Glück, wenn du nur das Glück anderer machen kannst, wirst du es in deinem eigenen Herzen wiederfinden.“‘

Und später erzählte mir der alte Heyden selbst, dass er, der noch in jungen Jahren Präfekt der Stadtpfeifer gewesen war, dem Wahnsinn nahe gewesen sei, als ihm nach kaum einem Jahr seine Frau, sein Elslein , entrissen worden sei anderthalb Eheleben. Nachdem er seinen Verstand wiedererlangt hatte, war er zu der Überzeugung gelangt, dass Ausgeglichenheit und Seelenfrieden nur in einem Kloster in der Nähe Gottes zu finden seien; und zu dieser Zeit hatte der weise und ausgezeichnete Ulman Stromer die Worte gesprochen, die fortan das Licht und die Leitlinie seines Lebens gewesen waren. Er war in der Welt geblieben; aber er hatte auf den ehrenvolleren Posten des Präfekten der Stadtmusikanten verzichtet und den bescheidenen Posten eines Organisten übernommen, in dem es ihm gewährt worden war, seine große Gabe der Musik gleichsam als Opfer dem Himmel darzubringen. Diese Maxime, die den tugendhaften alten Mann der Welt erspart hatte, prägte auch Ann; Und während ich sah, wie gern sie die Lehre angenommen hatte, dass Glück darin liegt, andere glücklich zu machen, betete ich sie, sie möge sich mir anschließen und sie von nun an als Leitleuchte unseres Lebens betrachten. Darüber war sie sehr erfreut; und sie fuhr fort, darauf hinzuweisen, worin und wie wir uns von nun an um des Nächsten willen bemühen sollten, uns selbst zu vergessen, mit jenem Höhenflug der Seele, in dem ich ihr kaum folgen könnte, wenn ich nicht wie ein Kind einem Schmetterling oder einem Vogel hinterherhinke.

Als ich dann plötzlich sah, dass es ihr besser ging, fasste ich den Mut, mich auf die Klage des Magisters zu berufen, aber nur im Scherz, da ich mir ihrer Weigerung sicher war. Dies geschah jedoch, als ich abreiste; Ich war bereits zu lange geblieben und hatte sie aufgehalten, da ich mich noch nicht für das Fest bei Onkel Christian hergerichtet hatte. Aber als ich gerade sprechen wollte; Ein Diener kam mit einem Brief herein, den der freundliche alte Mann an Ann selbst, seinen „lieben Wächter“, geschrieben hatte, in dem er sie zum dritten Mal mit eindringlicher Wärme anflehte, sich nicht zu weigern, an seinem Namenstag zu ihm zu gehen und verpfände ihn im liebevollen Kelch seiner Gesundheit und seines Glücks.

Mit Hilfe dieses zärtlichen Appells brachte ich sie dazu, zu sagen, dass sie gehen würde; Dennoch sprach sie die Worte in Eile und großer Aufregung.

Der Bote meines Onkels hatte meine Klage verhindert, und während wir hastig Anns Vorrat an Festtagskleidung durchsahen, beendete ich mein Flehen für Meister Peter. Und was ich erwartete, erfüllte sich tatsächlich: Ohne im Geringsten überrascht zu wirken, lehnte sie seine Klage standhaft ab und sagte, er sei der arme, gute, treue Magister und würdig, eine Frau zu gewinnen, deren Herz ganz ihm gehöre.

Als ich an diesem Abend im Haus meines Onkels war, war Ann, mit Ausnahme einiger gelehrter und ehrwürdiger Herren, nicht die Einzige, die nicht von vornehmer Abstammung war. Dennoch war sie in keiner Weise die Geringste, weder in ihrem Auftreten noch in ihrer Kleidung; und als ich sie im Vorzimmer sah, ganz erleuchtet von Wachskerzen, in ihrem himmelblauen Kleid, wie sie dem Hausherrn und seiner Schwester, die für ihn das Haus führte, für ihre Herablassung dankte, während sie ihre Arme emporhob Mit liebevollem Blick und voller Respekt hätte ich sie vor aller Welt in meine Arme schließen können, und ich wunderte mich , wie mein Bruder Herdegen sündigerweise solch ein Juwel von sich werfen konnte.

Als wir dann gemeinsam in das Gästezimmer gingen, stellten wir fest, dass die Stadtpfeifer in diesem Moment aufhörten zu spielen und es herrschte Stille, als hätte ein Trompetenstoß die Annäherung eines Fürsten angekündigt; und doch geschah es nur zu Ehren von Ann und ihrer wundersamen Schönheit. Jeder einzelne der jungen Männer dort wäre, so schien es mir , gerne an Herdegens Stelle getreten , und sie war so sehr mit dem Tanzen beschäftigt, dass sie kaum bemerken konnte, wie eifrig alle Mütter und Mädchen sie beobachteten. Doch Ursula Tetzel gab sich damit nicht zufrieden, sondern ging auf sie zu und erkundigte sich höhnisch, ob es Junker Schopper in Paris gut gehe.

Ann richtete sich voller Stolz auf und antwortete hastig, wenn jemand eine Nachricht von ihm wünsche, wende er sich am besten an Herrin Ursula Tetzel, da sie stets ein wachsames Auge auf ihre liebe Cousine habe.

Daraufhin schrie Ursula: „Wie gut sich unsere alte Schulkameradin an die Lektionen erinnert, die sie gelernt hat; sogar an die Fabel vom Fuchs und den Trauben!" Dann wandte sie sich an mich und fügte hinzu: „Sie hat ihre Gelehrsamkeit auch nicht verloren; sie ist noch nicht lange in der Wohnung ihres Stiefvaters und beherrscht bereits die Kunst, Schläge auszuführen, wie es die Kupferschmiede tun." Und sie hat uns beiden den Rücken gekehrt.

Und als sie schließlich an der Reihe war, sich der Kette anzuschließen, an der Ann teilnahm, merkte ich deutlich, dass sie den Jugendlichen, mit dem sie tanzte, dazu drängte, sich von der Tochter des Handwerkers fernzuhalten.

Allerdings habe ich ihren Plan sofort zunichte gemacht und den jungen Herrn beschämt. Nicht, dass sie eine solche Verteidigung nötig hätte , denn ihre Schönheit veranlasste jeden Mann, sie mehr zu suchen als alle anderen. Und als Onkel Christian sie beim Abendessen an seine Seite rief und allen Anwesenden deutlich machte, wie teuer sie für sein treues Herz war, hoffte ich, dass tatsächlich der Tag für sie gewonnen war und dass unsere Freundschaft von nun an als angesehen werden würde eine Angelegenheit unabhängig von der Sorge um ihren Stiefvater, den Kupferschmied. Was sollte sie sich um diese unhöflichen Frauen kümmern, die bei ihrer Abreise freilich deutlich genug machten, dass sie ihre Anwesenheit dort als übel empfanden.

Auf dem Heimweg bemerkte ich, dass sie in meditativer Stimmung war, und als wir uns trennten , forderte sie mich auf, sie am nächsten Morgen früh zu besuchen. Das hätte ich auf jeden Fall tun sollen , da ich nach einem Fest oder Tanz, bei dem wir zusammen gewesen waren, kein größeres Vergnügen kannte, als mit ihr über irgendetwas zu sprechen, was uns allen aufgefallen war, aber da war noch mehr als das in ihrem Kopf.

Als ich sie am nächsten Tag begrüßte, hatte sie tatsächlich ihre fröhliche Miene vom Vortag verloren; Es war deutlich zu sehen, dass sie nicht geschlafen hatte, und ich erfuhr sofort, dass sie die ganze Nacht darüber nachgedacht hatte, wie ihr Leben aussehen musste und wie sie das Gelübde, das wir beide abgelegt hatten, am besten erfüllen konnte. Je sorgfältiger sie über die Angelegenheit nachgedacht hatte, desto würdiger hatte sie unser Ziel erachtet; und der Tanz bei meinem Onkel Christian hatte ihr deutlich gezeigt, dass es in unserer Klasse nur wenige gab, denen ihre Anwesenheit willkommen sein konnte, und niemanden, dem sie wirklich Freude bereiten konnte.

Damit hatte sie zweifellos recht; Dennoch war ich erschrocken, als sie mit dem unerschütterlichen Willen, den sie stets an den Tag legte, sagte, dass sie sich nach reiflicher Überlegung der Sache dazu entschlossen habe, den Magister anzunehmen.

Als sie bemerkte, wie sehr ich erstaunt war, bat sie mich mit der gleichen Eile, über die ich am Tag zuvor erstaunt hatte, dass ich mich nicht gegen eine Schlussfolgerung wehren würde, die sie vollständig abgewogen hatte; insofern, als dass der Magister ein würdiger Mann war, den sie wirklich glücklich machen konnte. Darüber hinaus würde ihr neu erworbener Reichtum es ihr ermöglichen, vielen bedürftigen Menschen in ihrer Not und ihrem Elend zu helfen. Ich fragte sie eindringlich, wie es mit der Liebe zu ihm sei, und sie brach mit großer Heftigkeit aus und sagte, ich müsse mit Sicherheit wissen, dass für sie alle Liebe und Liebesfreuden mit den Toten gezählt seien. Sie würde dies Meister Peter mit aller Ehrlichkeit sagen und sie war sicher, dass er mit ihrer Freundschaft und ihrem herzlichen Wohlwollen zufrieden sein würde.

Aber sie schüttete das alles aus, als könnte sie es nicht ertragen, ihre eigenen Worte zu hören. Eine innere Stimme warnte mich gleichzeitig, dass sie sich zu diesem Schritt entschlossen hatte, damit Herdegen völlig verstehen könne, dass sie für ihn für immer verloren sei , obwohl ich nicht alle Hoffnung aufgegeben hatte, dass sie eines Tages kommen würden zusammen, und dass Anns edle Liebe für das Beste in meinem Bruder ihn so vor dem völligen Ruin retten könnte. Daher erfüllte mich ihr unglücklicher Entschluss mit Wut, und zwar so sehr, dass ich sie als eine wahnsinnige und sündige Tat gegen ihren eigenen Seelenfrieden beschimpfte, und zwar gegen den, den sie einst so teuer wie ihr eigenes Leben gehalten hatte.

Aber Ann unterbrach mich und forderte mich dringend auf, mein Versprechen einzuhalten und nie wieder von Herdegen zu sprechen . Mir stieg das heiße Blut in die Höhe, und ich machte mich auf den Weg zur Tür. ja, ich hatte den Griff des Riegels in meiner Hand, als sie mir nachflog, mich mit Gewalt zurückhielt und mich mit Gebeten anflehte, ich möge sie ihren Willen tun lassen, denn dazu hatte sie keine Wahl. Von nun an nahm sie sich mit feierlichem Ernst vor, sich stets dem Glück anderer zu widmen, und obwohl dies schwere Opfer erforderte, war sie nun bereit, es zu tun. Wenn ich mich tatsächlich immer noch weigerte, ihre Antwort dem Magister zu überbringen, würde sie sie über ihren Stiefvater oder Dame Henneleinlein schicken , die in solchen Besorgungen geschickt war, und ihren Verehrer bitten, zu ihr zu kommen.

Dann erkannte ich, dass es nur wenig Hoffnung gab; Schweren Herzens und tatsächlich mit einer geheimen Absicht im Hintergrund nahm ich die Aufgabe auf mich, denn mir war klar, dass meine Weigerung alles ruinieren würde. Dennoch schien es mir ein glücklicher Befehl zu sein, dass der Magister am frühen Morgen aufbrechen sollte, um ein paar Tage in Nördlingen zu verbringen und das Haus in Besitz zu nehmen, dessen Erbe er geworden war; Denn wenn ein großes Unglück bevorsteht, klammert sich eine hoffnungsvolle Seele an die Verzögerung als Vorbote der Erlösung.

Ich machte mich voller Vorahnungen auf den Heimweg und sah vor unserer Tür die Pferde meines Waldonkels warten. Er war mit Cousine Maud oben, und bald wurde mir mitgeteilt, dass er gekommen sei, um mich und Ann zu der großen Jagd einzuladen, die zu Neujahr stattfinden sollte. Seine Hoheit Herzog Albrecht von Bayern hatte zusammen mit verschiedenen anderen Rittern und Herren versprochen, daran teilzunehmen, und er brauchte unsere Hilfe für seine kranke und leidende Frau; Außerdem, sagte er, genieße er es, „ein paar kluge junge Mädchen" an seiner Tafel zu sehen. Er und seine Cousine Maud hatten bereits ausführlich darüber diskutiert, ob es angemessen wäre, die Stieftochter des Kupferschmieds in die Gesellschaft solch illustrer Gäste aufzunehmen; und das Gleichgewicht zu ihren Gunsten war in seinem Kopf durch seine Meinung hergestellt worden, dass ein schönes junges Mädchen im Wald immer in den Augen des Jägers erfreuen müsse, ganz gleich, welchen Rang sie habe.

Er hatte jetzt nur noch eine Sorge, und zwar, dass weder er noch irgendein anderer Mann es bisher gewagt hatte, meiner Tante Jacoba gegenüber den Namen Meister Ulman Pernhart auszusprechen , und dass sie daher nichts von seiner Ehe mit der Mutter ihrer lieben Ann wusste. Dennoch muss die Dame darüber informiert werden; Als ich also feststellte, dass meine Cousine Maud keinen Hehl aus ihrem Willen machte, das Werben des Magisters zu beschleunigen, während ich aus gutem Grund beklagte, dass meine Tante mich gerne dabei unterstützen würde, es zu verhindern, entschloss ich mich sofort, mit ihr zurückzukehren Mein Onkel und halte Rat mit seiner klugen Frau.

LESEZEICHEN DES ETEXT-HERAUSGEBERS:

Eine kleine Freude lässt uns unsere schwere Trauer vergessen.
Alles, was ich getan habe, war in ihren Augen richtig. Besondere Gabe, aufmerksam zuzuhören und diskret zu fragen. Glück sollte darin gefunden werden, andere glücklich zu machen. Ich habe mein Herz noch nie an eine einzige Magd gehängt. Eine hoffnungsvolle Seele klammert sich an den Aufschub als Vorbote der ErlösungKein falscher Trost, keine Verschleierung der WahrheitEin Oberhaupt statt drei regierte die KircheObwohl du alles verlierst, was du für dein Glück hältst

9 789359 945996

Printed at Repro India Ltd.